마포구육아종합지원센터가 지원하는
영유아와 함께 성장하는 교사 시리즈 NO.1

영유아 ESG 공모전 **따라하기**

마포구육아종합지원센터가 지원하는
영유아와 함께 성장하는 교사 시리즈 NO.1

영유아 ESG 공모전 따라하기

김진욱 · 이미애 · 김경희 · 이민지 · 정미영
홍인혜 · 김하늘 · 박은정 · 정예슬 · 조혜인

KNOWLEDGE COMMUNITY 공동체

머리말

이 책은 영유아들이 일상생활에서 놀이로 경험하는 배움의 실제에 대한 내용을 중심으로 한 실무서로 현장의 원장과 교사들의 삶의 이야기로 구성되었다. 육아종합지원센터는 지방이양사업에 의해 각 지방자치단체장이 법적 책무성을 가지고, 즉 영유아보육법을 근거로 설치, 운영되는 유일한 보육 전문기관이다. 전국에 130여 개의 육아종합지원센터가 설치, 운영되고 있고 계속 확대설치되고 있는 추세이다. 2024년 6월 27일 어린이집이 교육부로 이관된 만큼 향후 육아종합지원센터는 영유아보육-교육현장에서 가장 영향력 있는 현장지원의 컨트롤타워로서의 역할이 기대된다. 또한 현장과 학계를 연결하는 브릿지 리더로서의 역할과 교사의 전문성 강화를 위한 지속적인 연구개발 및 사례발굴과 홍보역할이 요구되는 시대의 시작점이다.

현재는 학제 간 융합교육을 강조하는 추세로 ESG 적용이 필요한 시점이며 ESG 인재 양성은 미래사회에서 가장 중요한 분야이다. ESG를 교육현장에서 실천하기 위해서는 무엇보다 교사의 인식변화가 필요하고, 양육자인 부모들의 인식변화도 중요하다. 특히 교사의 교육적 경험들은 교수철학, 교수-학습방법뿐만 아니라 교육의 내용에까지 영향을 준다.

영유아기가 전인적인 발달을 도모하는 결정적인 시기임을 감안한다면 영유아교사의 중요함은 무엇보다도 강조되어야 한다. 특히 교사의 현장실천 경험은 신념과 행동을 변화시켜 유아교사로서의 지식, 기술, 태도를 갖추는 근거가 된다. 따라서 ESG 교육과정의 실천을 위한 각 기관별 프로그램 계획 및 개발과 평가는 앞으로 유아교육현장에서의 적용 가능성을 보여준다. ESG에 대한 세계적 관심이 높아지면서 글로벌 핵심 키워드로 급부상하고 있으며, 이에 따라 생활 속에서 ESG 실천이 습관이 될 수 있도록 영유아기 교육적 경험에 대해서도 그 중요성이 강조되고 있다.

ESG란 환경(Environmental), 사회(Social), 지배구조(Governance)의 영문 첫 자로 구성된 단어로서 기업의 가치에 영향을 미치는 주요 지표 중 하나이다. ESG를 이해하기 위해서는 지속가능발전의 의미부터 살펴볼 필요가 있다. 지속가능발전이란 1987년 유엔환경계획(UNEP)과 세계환경개발위원회(WCED)가 공동으로 채택한 '우리 공동의 미래(Our Common Future)'라는 브룬트란트 보고서에서 처음 등장한 의제이다. 지속가능발전이란 미래 세대에게 필요한 자원을 훼손하지 않으면서 현세대의 필요를 충족시키기 위해 지속적으로 유지될 수 있는 방안을 뜻한다.

마포구육아종합지원센터에서는 2022년 강북구육아종합지원센터가 개발한 '그린챌린지' 웹진을 기반으로 하여 2023년 제13회 마포구 어린이축제 '마포둥이 지구를 지켜라'를 준비하며 지구의 날 프로젝트를 관내 어린이집과 추진하였다. 가정양육자들과 함께하는 실천 프로그램을 추진하였고, 이를 기반으로 어린이 축제도 하나의 경험적 놀이로 제공하였다. 또한 각 기관에서 1년간 연간계획을 기반으로 하여 실천 프로그램을 적용한 후, 이를 공모전으로 연결하여 우수기관을 선정하기에 이르렀다. 이것을 바로 지속가능발전 교육의 일환으로도 생각해 볼 수 있다.

이 책의 구성은, 우선 마포구육아종합지원센터의 운영자문 교수인 명지대학교 아동학과 김진욱 교수가 서론에서 이론적 배경을 소개하였다. 그리고 2023년에 실제 마포구 관내 174개소 어린이집에서 실천한 다양한 사례들 중에서 우수한 실제 사례 8편을 소개하였다. 후반부에는 마포관내 이외에 다양한 프로그램, 동일 주제의 다양한 공모전, 공모전을 준비하는 방법 등 실제 보육현장에서 활용 가능한 적용방안들을 소개하여 현장교사들에게 도움이 되는 실무서로 구성하였다.

이 책이 출발하기까지 많은 도움의 손길들이 있어 감사의 마음을 전하고자 한다. 이 책이 출판되기까지 애써주신 공동체 출판사 가족 여러분께 감사하고, 마포구육아종합지원센터 서수진 총괄팀장, 노연경 보육지원팀장, 명나원 보육전문요원에게 특별한 감사의 마음을 전한다. 아울러 각 기관에서 공저자들과 함께 보육실천을 함께해 주신 마포관내 어린이집의 원장님과 교사들에게도 감사의 마음을 이 책에 담아 전한다.

2025년 8월

마포구육아종합지원센터

C O N T E N T S

차례

PART 1

ESG(으쓱) 놀이 생각 나누기

생각 나누기 1 ESG(Environmental, Social, Governance)는 무엇일까요?

ESG란 환경(Environmental), 사회(Social), 지배구조(Governance)의 영문 첫 자로 구성된 단어로서 기업의 가치에 영향을 미치는 주요 지표 중 하나이다. 과거에는 기업을 평가하는 데 '얼마를 투자해서, 얼마를 벌었는가?'를 중심으로 '재무적'인 정량 지표가 기준이었다. 최근에는 기후변화 등 기업이 사회에 미치는 영향력이 증가하며 '비재무적'인 지표가 기업의 실질적인 가치평가에 더 중요할 수 있다는 인식이 늘어나고 있다. 기업의 사회적 책임에 대한 담론이 형성되며, 투자자와 소비자들도 기업을 평가함에 있어 재무적 가치가 아닌 비재무적 가치를 중시하고 있다. ESG의 개념인 환경, 사회, 지배구조의 세부적인 내용은 |그림 1-1|과 같다((ESG 포털, 2024).

|그림 1-1| ESG 개념

첫째

Environmental

기후변화에 대한 대비를 의미한다. 즉, 환경오염 완화를 위한 노력으로 폐기물 관리, 탄소배출 절감, 환경오염과 환경규제 등에 대한 분야이다.

둘째

Social

사회적인 책임을 의미하는 것으로 근로자 안전, 공급망 관리, 지역사회와의 협력관계 및 상생발전을 위한 실천요소의 내용에 대한 분야이다.

셋째

Governance

위에서 아래로의 명령체계로 추진되는 것이 아닌 일반적이고 보편적인 의견들을 바탕으로 한 투명하고 신뢰로운 경영을 위한 이사회 구성과 감사위원회 구축, 기업윤리 등에 대한 분야이다.

이것을 교육프로그램으로 적용해 나간다면 어떻게 실천할 수 있으며, 왜 교육현장에서 ESG가 필요한가에 대해서 근본적인 내용부터 좀 더 살펴볼 필요가 있다.

생각 나누기 2 왜 ESG(Environmental, Social, Governance) 교육이 필요할까요?

'ESG(Environmental, Social, Governance, 이하 ESG)'는 기업경영을 넘어 현재는 학문의 저변이 확대되고 있다. 전 세계적인 ESG 이슈로 교육현장에서부터 체계적인 교육이 필요하다는 요구가 증가하고 있다. ESG를 이해하는 것은 영유아를 기준으로 주 양육자인 부모의 인식의 변화가 가장 필요하며, 영유아 보육·교육기관의 원장과 교사들에게 최우선으로 필요하다. 즉, 기후변화, 사회적 불평등, 기업윤리 등의 문제를 이해하고 해결하여 책임감을 향상시킬 수 있는 긍정적인 변화를 가능하게 해주는 일상생활 속의 실천이 필요하다(이혜원·김유정·최현주, 2024).

교육부는 ESG와 탄소중립에 대한 관심이 높아지고 있는 상황을 교육과정에 반영하였다. 2022 개정 교육과정부터 모든 교과에 생태전환교육을 포함시켜 전 생애주기적인 교육을 강조하였다. 즉, 영·유아기부터 성인학습에 이르기까지 ESG 교육을 강조하는 것으로 일상생활 속에서 지속가능한 발전에 대한 실천의 중요성을 시사한다(조혜영, 2024).

유아교육현장에서는 이미 생태전환교육으로 다양한 실천이 진행되어 왔다. 생태전환교육은 사람과 자연의 공존과 지속가능성을 위해 생각과 행동 양식의 총체적 변화를 추구하여야 하기에 유아가 일상에서 직접적 체험을 함으로써 스스로 문제를 인식하고 사회적 가치를 내면화하여 생활 태도로 지속적인 실천을 할 수 있게 한다.

왜 ESG(Environmental, Social, Governance) 교육이 필요한지에 대해서 영유아들에게 가장 쉽게 접근할 수 있는 방법은 기후의 변화이다. 기후이상에 위기감을 갖고 쾌적한 환경에서 생활할 권리 보장에 대한 관심이 높아지면서 지속가능성 보전에 대한 사회적 가치의 필요성과 기후위기에 대응하고 생태적 전환을 실천하는 생태전환교육의 중요성이 대두되었다.

현재 영유아들을 대상으로 한 ESG와 탄소중립교육의 일환인 생태전환교육은, 기후위기를 미래 세대를 살아갈 주인으로서 영유아들이 현 상황을 직시하는 태도를 함양해야 한다. 영유아들은 놀이와 일상생활 속에서의 체험, 관심과 흥미를 유지하며 보다 현실의 문제상황에 적극적으로 대응하고 문제를 해결하는 경험이 필요하다. 그 이유는 영유아기는 교육적 효과가 가장 큰 시기이므로 영유아기에 생태전환교육으로 지속가능한 발전을 지향하는 가치와 태도를 길러줄 수 있기 때문이다(서울특별시교육청 유아교육진흥원, 2022).

결론적으로 영유아들을 둘러싼 지구환경 자체에 큰 변화가 시작되었고 우리는 이를 기후환경에 대한 이슈로 정리할 수 있다. 기존 영유아보육-교육현장에서는 다양한 방법으로 환경교육, 생태교육, 녹색환경교육, 지속가능발전교육 등 다양한 형태, 다양한 의미로

실천프로그램이 적용되어 왔다. 따라서 국가수준의 교육과정인 표준보육과정-누리과정이 놀이중심, 영유아중심으로 일상생활 속에서 스스로 유능한 영유아를 경험하고 놀이경험을 통해 배움이 일어나는 과정의 질에 집중하는 만큼 영유아가 주도하는 실제 환경 속에서의 실천이 가능한 교육으로 실현되도록 영유아교육기관의 원장과 교사, 그리고 부모들의 인식변화가 필요하다는 결과에 이르게 된다. 따라서 지속가능한 삶을 위한 생태전환교육은 어린이집이나 유치원에서뿐 아니라 가정, 지역사회로 확장되어 생태적 가치를 실현해야 한다.

국가수준의 교육과정과 ESG 교육

우리나라의 국가수준 교육과정인 2019 개정 누리과정과 제4차 어린이집 표준보육과정, 유보통합을 준비하며 개정된 0~2세 표준보육과정에서도 자연 및 생명을 존중하며 지속가능한 사회를 만들어 갈 수 있는 핵심역량을 갖춘 사람을 길러내는 것이 필요하다고 강조한다. 특히 '더불어 사는 사람'을 다섯 가지 추구하는 인간상 중 하나로 선정하며, 자신이 속해 있는 사회에 소속감을 느끼고, 다른 사람과 생명을 존중하고 자연과 더불어 살아가며, 보다 나은 사회를 만들기 위한 사회문제에 관심을 갖고 협력하는 민주시민 양성을 목적으로 하고 있다. 이를 통해 영유아는 자신과 친근한 사람 및 주변 세계와 관계를 맺으면서 자발적으로 사회질서와 소통방식을 배워 나가게 되며, 이를 통해 가족과 이웃, 동식물과 주변 환경에 관심을 가지고 소중히 여기고, 서로 배려하는 마음과 태도 및 책임 의식을 가진 사람으로 성장하게 된다(교육부, 2024).

영유아기는 발달의 결정적 시기이므로, 이 시기에 형성된 가치관과 습관은 성인이 되어서도 삶의 태도에 큰 영향을 미치기 때문에 영유아가 환경에 대한 올바른 인식을 지닐 수 있도록 적절한 환경교육은 필수적이다(환경부, 2017). 이때 환경교육은 하나의 독립적인 교과목이 아닌 경제적, 사회적 관점과 연계하여 총체적이고 통합적인 이해가 이루어질 수 있는 지속가능발전 지향의 방향으로 나아가야 한다. 지속가능발전교육(Education for Sustainable Deveolment)은 현재 가지고 있는 삶의 방식을 반성하며 태도와 가치관의 변화를 통해 지속가능한 사회로 가는 것에 목적을 둔다. 지구의 지속가능성을 유지하며 인간과 자연이 공존하여 더불어 살아가기 위해서는 교사의 인식변화가 필요하다. 특히 인간중심적인 가치관에서 인간과 자연의 공존을 존중하는 가치관으로서의 변화가 필요한데, 인간의 잘못된 가치관으로 인해 환경오염이라는 결과가 초래되었음을 알고 오염된 환경을 개선하고 환경보전을 실천해야 한다(박소연, 2020). 이를 위해서는 영유아기부터 환경교육을 실시하여 환경에 대한 올바른 가치관 정립과 더불어 환경보전을 실천할 수 있는 역량을 키워주는 것이 필요하다. 환경교육에서 중요한 점은 환경문제를 단지 환경 차원에서만 볼 것이 아니라 환경과 연결된 사회, 경제적 차원을 통합적으로 인식하고 접근하는 지속가능발전을 지향하는 방향으로 전개되어야 한다는 것이다(정은지, 2023).

따라서 영유아중심의 놀이를 강조하는 국가수준의 교육과정과 환경교육은 매우 중요하게 연결되어 있으며 이를 놀이와 일상 속에서 경험할 수 있도록 영유아교사는 항상 인식의 변화와 함께 태도를 함양하여야 한다.

영아반과 유아반으로 구분하고, 어린이집과 유치원으로 구분된 프로그램이 아니라 실천적 의미에서 영유아 모두에게 일상적인 생활에서부터 관심이 필요한 것이다. 즉, 손을 씻고, 양치를 하고, 정수기에서 마실 만큼의 물을 따라 마시고, 필요한 분량만큼의 휴지를 사용하는 등 일상생활에서 우리가 실천해야 할 다양한 생태전환교육, 생태보육, 환경교육, 녹색성장교육 등 각각의 프로그램 이름은 다르더라도 환경을 우선 생각하는 노력은 반드시 필요하다는 점에서는 공통적 생각과 실천의 양식을 일치시킬 필요가 있다.

들여다보기

서울시교육청(2024) 생태전환교육 교과서

2024년 서울특별시교육청은 2025년 초3~4학년과 중1학년에 2022 개정 교육과정이 도입되는 시기에 맞춰, 17개 시도교육청 최초로 생태전환교육 교과서 3종 및 교사용 지도서 3종을 개발했다. 이는 「환경교육의 활성화 및 지원에 관한 법률」에 따라 초등학교와 중학교에서 환경교육을 의무적으로 실시해야 하기 때문이다.

2022 개정 교육과정에 생태전환교육이 반영되는 등 생태전환교육의 중요성은 날로 강조되고 있다. 또한 2022 개정 교육과정에서 새롭게 적용되는 '학교자율시간' 등을 통하여 생태전환교육은 계속 확대운영될 것이다. 2022 개정 교육과정이 적용된 생태전환교육 인정도서는 초등학교 3학년용 「환경과 함께하는 우리 3」, 초등학교 4학년용 「환경과 함께하는 우리 4」, 중학교 1~3학년용 「기후변화와 우리」와 그에 따른 교사용 지도서 3종이다.

초등학교 3학년용 「환경과 함께하는 우리 3」은 자연과 나, 환경을 생각하는 먹거리, 실천하는 자원순환이라는 3개 단원으로 구성되었다. 초등학교 4학년용 「환경과 함께하는 우리 4」는 함께하는 우리, 기후변화의 다양한 이야기, 지속가능한 사회라는 3개 단원으로 구성되어 지구 환경 안에서 모두 함께 잘 살아갈 수 있기 위해서 일상생활을 되돌아보며 내가 할 수 있는 일을 찾아보도록 유도하고 있다.

중학교 1~3학년용 「기후변화와 우리」는 기후시스템과 인간, 기후

변화와 에너지, 자원순환 사회, 기후변화와 생물 다양성 등 총 6개 단원으로 구성되어 보다 깊이 있게 기후위기에 대해 탐구한 후, 학생들이 모든 생물이 평화롭게 공존하는 세상을 위한 참여와 노력을 할 수 있도록 구성하였다. 이는 시도교육청 최초로 개발한 생태전환교육 교육과정과 교과서가 생태전환교육이 교육과정 내에서 체계적으로 실시되는 기반을 마련했다는 점에서 큰 의미가 있다. 무엇보다도 개정 2022 교육과정은 2025년에 초등학교 3~4학년과 중학교 1학년에 적용되므로 영유아보육현장에서도 유보이음, 유초이음을 적용할 때 중요한 기준이 된다는 것을 꼭 기억할 필요가 있다.

초등 3학년용 「환경과 함께하는 우리 3」

초등 4학년용 「환경과 함께하는 우리 4」

살펴보기

서울시교육청(2024) 생태전환교육 교과서 「환경과 함께하는 우리 3」

단원 1 자연과 나

차시명	학습목표	주요 학습 활동
1. 내가 만난 자연	자연에서의 인상적인 경험을 떠올려 보면서 자연의 아름다움을 소중히 여기는 태도를 갖는다.	1. 자연에서 느낀 생각이나 감정 등의 경험 나누기 2. '자연의 단어' 보드게임을 통해 자연 요소 및 현상에 대한 구체적인 경험과 느낌을 나누기
2. 다양한 얼굴을 가진 자연, 흙	주변에서 흙의 다양한 모습을 찾고, 흙에 대한 나의 생각과 느낌을 이야기할 수 있다.	1. 주변에서 흙을 볼 수 있는 곳 찾아보기 2. 흙을 활용하여 만드는 것 찾아보기 3. 흙을 탐색해 보고 흙에 대한 나의 생각과 느낌을 이야기하기
3. 우리 곁의 자연, 물 이야기	주변에서 물의 다양한 모습을 찾고, 물의 여행을 상상할 수 있다.	1. 주변의 다양한 물의 모습 살펴보기 2. 물이 먹거리나 생활용품을 생산할 때 이용된다는 점 알기 3. 물의 여행을 상상해 보기
4. 자연을 돌보는 사람들	주변에서 자연을 돌보는 사람을 찾고 인터뷰할 수 있다.	1. 자연을 돌보는 사람들 살펴보기 2. 자연을 돌보는 사람들의 인터뷰 계획을 세우고 인터뷰하기

단원 2 환경을 생각하는 먹거리

차시명	학습목표	주요 학습 활동
1. 먹거리의 여행	먹거리가 식탁에 오르는 과정을 알고 먹거리가 환경과 연결되어 있음을 설명할 수 있다.	1. 먹거리가 우리 식탁에 오르기까지의 과정 살펴보기 2. 우리 식탁을 채우고 있는 음식 알아보기 3. 한 가지 먹거리를 선택하여 먹거리의 여행 상상하기
2. 건강하게 길러진 먹거리	여러 가지 농사 방식이 환경에 미치는 영향을 알고 건강한 먹거리 생산방식을 탐구할 수 있다.	1. 여러 가지 농사 짓기 방법을 살펴보기 2. 지나친 농약, 화학 비료의 사용이 불러오는 문제 알아보기 3. 땅과 사람의 건강에 더 도움이 되는 농사 방식 더 알아보기
3. 가까운 곳에서 온 먹거리	가까운 곳에서 온 먹거리의 중요성을 알고 가까운 곳에서 온 먹거리를 선택하는 것의 장점을 탐구할 수 있다.	1. 가까운 곳에서 온 먹거리는 무엇인지, 왜 중요한지 알아보기 2. 사례를 살펴보며 로컬 푸드의 장점 탐구하기 3. 우리 지역에서 로컬 푸드를 구입할 수 있는 곳 조사하기
4. 생긴 모습 그대로! 개성 만점 먹거리	겉모습 때문에 버려지는 먹거리가 있음을 알고 생긴 모습 그대로의 농산물을 선택하는 것의 장점을 탐구할 수 있다.	1. 겉모습 때문에 버려지는 먹거리에 대해 알아보기 2. 생긴 모습 그대로의 농산물을 선택하는 것의 장점 탐구하기 3. 개성 만점 농산물 사진을 보고 어울리는 이름 짓기
5. 함께 실천하는 친환경 장보기	친환경 농산물 인증 마크를 알아보고 친환경 장보기 실천 방법을 토의할 수 있다.	1. 친환경 농산물(상품) 인증 마크 알아보기 2. 친환경 장보기를 실천할 수 있는 방법 토의하기

단원 3 실천하는 자원순환

차시명	학습목표	주요 학습 활동
1. 소중한 자원	자원 순환에 대해 알고 자신의 자원 이용 모습을 성찰할 수 있다.	1. 자원 순환의 의미와 방법 알기 2. 자원을 이용하는 나의 모습 성찰하기
2. 생활 속 자원 이용 모습	일상 속 일회용품 사용에 대해 관심을 가지고 자원 절약을 위해 노력하는 가게들을 찾아 소개할 수 있다.	1. 일상생활 속에서 일회용품 사용 모습 살펴보기 2. 일회용품 사용을 줄이기 위해 노력하는 주변의 가게를 조사하여 소개하기
3. 자원이 될 수 있는 쓰레기	쓰레기 처리로 생겨나는 문제가 무엇인지 알고 학교에서 낭비되는 자원의 모습을 탐색할 수 있다.	1. 쓰레기의 처리에 따른 피해 알기 2. 쓰레기와 분실물을 탐색하여 학교의 자원 관리 모습 파악하기
4. 내가 만드는 환경을 위한 길	환경을 위한 여러 실천 방법을 알고 실천 계획을 세워 스스로 실천할 수 있다.	1. 내가 할 수 있는 다양한 환경 실천 방법 알기 2. 환경 실천 계획을 세우고 실천하기
5. 환경을 위해 함께하는 실천	환경 문제 해결의 방법을 찾고, 관련된 사람에게 보내는 편지글을 쓸 수 있다.	1. 환경 문제에 따라 함께 고민해야 할 사람 발견하기 2. 환경 문제와 해결 방법을 찾아 관련된 사람에게 보내는 편지 쓰기

2022 개정 교육과정은 영유아보육-교육현장에서 유보통합을 준비하며 표준보육과정과 누리과정, 누리과정과 초등교육과정의 연계성을 반영하였다. 이는 유-보이음, 유-초이음으로도 연계된다. 따라서 제2부에서는 마포구육아종합지원센터가 주최하고 주관한 그린챌린지의 세부내용을 중심으로 살펴보고자 한다. 또한 2023학년도 연간 추진계획을 통해 제시된 그린챌린지의 세부내용과 공모전, 우수사례를 통해 보육현장에서의 생태전환교육의 노력을 살펴보고자 한다. 제3부에서는 마포구 외 교육부 주관 실천 프로그램과 다양한 보육현장에서 진행된 사례들에 대해서도 살펴보고자 한다.

참고문헌

교육부(2024). 0~2세 개정 표준보육과정 해설서.

김명순(2022). 놀이 이해를 기반으로 한 원장의 어린이집 지원-ESG역량 강화. 근로복지공단 직장보육지원센터, 연세대학교 어린이생활지도연구원 교사부모교육센터 공동 주제 원장 교육 자료집.

김미수(2024). 데이터 시각화를 활용한 ESG 교육이 학습자의 사회적 가치 인식에 미치는 영향. 인격교육, 18(1).

박소연(2020). 지속가능발전지향 환경교육 활동이 유아의 창의인성에 미치는 영향. 한국교원대학교 대학원 석사학위논문.

서울특별시교육청 유아교육진흥원(2022). 지속가능한 삶을 위한 실천적 유아 생태전환교육프로그램.

이혜원·김유정·최현주(2024). 유아교육기관의 ESG 운영 평가도구 개발 및 타당화 연구. 영유아보육과정연구, (14), 2.

정은지(2023). 만 2세 영아의 ESG 기반 환경교육 의미탐색. 배재대학교 일반대학원 석사학위논문.

조혜영(2024). 예비유아교사의 ESG 인지 유무에 따른 ESG 차이와 교육 요구도 분석. 유아교육·보육복지연구, 28(2).

환경부(2017). 유아환경교육 프로그램(교사용 지도서). 서울 : 환경부.

대한상공회의소 www.korcham.net

ESG 포털 www.esg.krx.co.kr

PART 2

ESG(으쓱) 놀이 사례 나누기

" 마포구 그린챌린지를 중심으로 "

현장사례 마주하기

주제 선정 배경의 이유

마포구는 매년 어린이축제를 개최하여 2023년 13회를 맞이하였고, 2019년 시작된 코로나19로 인해 온라인 축제로의 전환, 축제 잠정 중단 등 단절되었던 소통의 장을 마련하고자 노력하였다. 축제 콘텐츠를 결정할 때 기후환경의 변화, 코로나 감염병의 어려움, 마포구내 소각장 추가설치 등 영유아를 둘러싼 다양한 외부환경적 요소를 반영하였다. 특별히 보육계 내에서는 환경교육 프로그램이 부재한 상황 속에서 자치구육아종합지원센터협의회 소속 강북구육아종합지원센터의 '그린챌린지'의 우수성이 확인되었다. 이에 원 저작자의 동의를 얻어 「그린챌린지」 웹진의 내용을 적용하여 지면책자로 재발간하였고, 보육현장에서 교사들이 사용하기 편리하도록 보급, 가정연계로도 적용할 수 있도록 반영하였다. 연간 사업계획의 구조화를 이루어 연구발간, 현장 적용, 축제 프로그램 반영, 공모전, 우수사례 발간으로 연결되도록 구성하였다.

1 강북구육아종합지원센터 발간(2022) **'그린챌린지' 웹진의 구성내용**

• 인사말 •

코로나19 확산이 장기화됨에 따라 가정양육 부담을 완화하고 고립 육아를 해소하고자 가정에서 영유아와 부모님이 함께 놀이 할 수 있는 "그린챌린지" 자료집을 제작하였습니다.

"그린챌린지"는 환경보호의 중요성을 알고 친환경 생활습관의 실천과 대기오염, 지구온난화, 토양오염, 해양오염 등 환경 문제의 심각성을 인식하고 일상생활에서 부모와 자녀가 함께 환경을 지킬 수 있는 활동으로 구성하였습니다.

앞으로도 저희 센터에서는 부모님들과 하나된 마음으로 행복한 육아를 실천할 수 있도록 최선의 노력을 하겠습니다. 항상 따뜻한 관심과 지지에 감사드립니다.

목차

그린챌린지
- 대기오염
- 지구온난화
- 토양오염
- 해양오염

아이와 함께 배우는 환경기념일
- 2월 2일 세계 습지의 날
- 3월 22일 세계 물의 날
- 4월 22일 지구의 날
- 5월 31일 바다의 날
- 6월 5일 세계 환경의 날
- 7월 11일 세계 인구의 날
- 8월 22일 대한민국 에너지의 날
- 9월 6일 자원순환의 날
- 10월 16일 화학조미료 안 먹는 날
- 11월 26일 아무것도 사지 않는 날

환경을 생각하는 자가진단 체크리스트

ECO GREEN 그린챌린지

환경은 우리 주변의 모든 것을 말합니다. 오염 문제가 나날이 심각해지고 있으며 대기, 지구온난화, 토양, 해양 등의 문제뿐만 아니라 그 원인이 되는 쓰레기, 생활 오염, 에너지, 먹을거리 문제 등을 모두 포함합니다. 우리 주위의 생태계를 파괴하는 오염에 대해 알아보고 친환경 생활습관을 가정에서 실천해보세요.

글쓴이 : 강북구육아종합지원센터
디자인/제작 : 하늘디자인

그린챌린지 웹진은 강북구육아종합지원센터(센터장 : 장경희)에서 개발하였다. 웹진 형태의 e-book으로 제작되었고, 현재도 자유로운 오픈소스로 사용할 수 있다. 마포구육아종합지원센터에서도 링크를 확인할 수 있다(https://mcic.mnz.co.kr/2zf).

지구 온난화란 지구 표면의 온도가 올라가는 현상을 말합니다. 현재 지구는 온실가스 배출량이 늘어나면서 점점 더 뜨거워지고, 매년 극심한 폭염이 발생하고 있습니다. 지구온난화를 유발하는 원인에 대해 알아보고 환경을 보호하는 친환경 생활습관을 가져볼까요?

토양오염은 농약 및 생활 폐기물이 땅 속에 유입되어 토양을 오염시키는 현상을 말합니다. 오염된 토양에서 자라는 농산물 등은 유해물을 흡수하여 다시 우리에게 해를 끼치게 됩니다. 특히 토양은 원래 상태로 돌아가는 데 오랜 시간이 걸리기 때문에 오염되지 않도록 예방하는 것이 중요합니다. 더 이상 피해가 생기지 않도록 우리가 어떤 일을 할 수 있는지 알아볼까요?

해양오염은 사람들이 버리는 쓰레기와 생활 하수, 공장 폐수, 기름 유출 사고 등이 바다를 오염시키는 것을 말합니다. 분해되지 않는 쓰레기가 수년간 바다를 떠돌면서 해양 생물들을 죽이거나 수명을 단축시키고 있습니다. 해양은 오염되면 단시간에 회복하기가 어렵기 때문에 오염되지 않도록 예방하고 관리하는 것이 중요합니다. 다 함께 실천해 볼까요?

2 마포구육아종합지원센터 발간(2023) **'그린챌린지' 실천내용**

강북구가 개발한 그린챌린지 가정양육 자료를 바탕으로 마포구도 각 자치구센터와 함께 협력사업으로 동일하게 웹진을 개발하였고, 2022년 웹진을 실천자료로 PDF 버전으로 추가 개발하였다.

마포구육아종합지원센터 홈페이지 공지사항(2023년 4월 20일) '그린챌린지' 캠페인 안내 및 우수사례 공모전 사전 홍보-게시글 첨부파일로도 공개되어 있어 누구나 활용할 수 있다. 특별히 2월부터 11월에 걸쳐 현장에서 적용할 수 있는 환경기념일을 근거로 실천해 볼 수 있도록 교사용 지도서, 가정연계 활동으로 적용해 볼 수 있도록 기획하였다. 그린챌린지의 내용은 크게 대기오염, 지구온난화, 토양오염, 해양오염으로 구분하였다. 대기오염의 예시 자료는 다음과 같다.

> 대기오염이란 황사나 산불 등의 자연적인 오염과 자동차, 공장 등에서 배출되는 오염물질로 인해 공기가 더러워지는 현상을 말합니다. 대기오염은 사람과 동식물의 생활에 나쁜 영향을 주며 심각한 피해를 입히고 있습니다. 대기오염을 줄이기 위한 예방법을 함께 알아볼까요?

대기오염의 원인

자동차의 배기가스

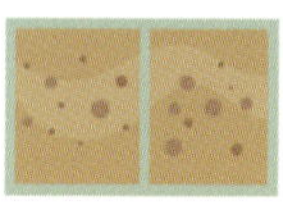

중국에서 날아온 황사

산에서 난 화재

공장에서 배출되는 연기

대기오염의 피해

산성비로 인한 산림 파괴

호흡기 질병 발생

생활 속에서 실천할 수 있어요.

[출처-경북상주시]

[출처-열자비한의원]

[출처-서울시]

[출처-땡큐플라워]

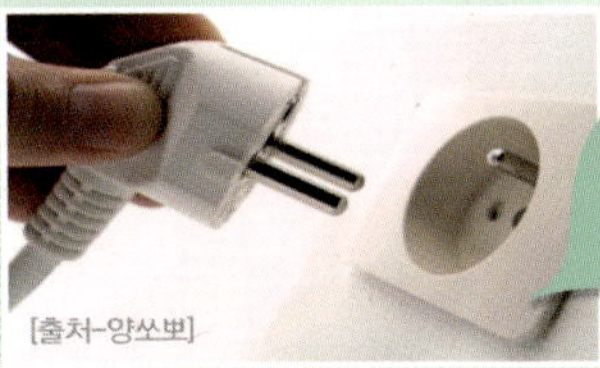
[출처-양쏘뽀]

지구를 지키기 위한 작은 기적 한걸음을 실천해요!

대기오염 피해를 줄이는 방법!

- 실내 공기 정화식물 키우기
- 물 많이 마시기
- 미세먼지가 있는 날 창문 닫기
- 미세먼지 심한 날 외출 자제하기
- 버스, 지하철 등 대중교통 이용하기
- 외출할 때 모자와 마스크 착용하기
- 외출 후 깨끗이 씻기
- 안 쓰는 플러그 뽑기
- 종이 아껴 쓰기
- 친환경 제품 사용하기

천연 소독제를 만들어요!

필요해요 : 소주, 레몬, 유리병, 분무기

[출처-무학 딱좋은데이]

① 깨끗이 씻은 레몬을 잘라요.

[출처-무학 딱좋은데이]

② 유리병에 레몬 1개, 소주 1병을 넣어주세요.

[출처-무학 딱좋은데이]

③ 냉장고에 넣고 3일 정도 숙성시켜주세요.

[출처-무학 딱좋은데이]

④ 분무기에 옮겨 담아주세요.

환경기념일 활동사례

2월 2일 세계 습지의 날 / 3월 22일 세계 물의 날

2월 2일 세계 습지의 날

습지란? 물에 잠겨있는 축축한 땅을 말해요.
습지는 홍수피해를 방지하고,
수질을 정화해주며, 온실가스를 흡수하고
저장할 수 있는 훌륭한 자원으로,
우리가 보전해 나가야 해요.

3월 22일 세계 물의 날

지구를 이루는 물은 많지만, 우리가 사용할 수
있는 물은 제한되어 있어요. 물 사용량이
증가하고 산업이 발달하면서 물은
점점 오염되고 부족해지고 있답니다.
수질오염의 심각성을 인식하고
우리 함께 물 절약을 실천해봐요.

습지가 중요한 이유!

- ☑ 생물의 서식지
- ☑ 배수 역할
- ☑ 홍수 예방과 물의 저장
- ☑ 어민들의 터전
- ☑ 지구 온난화 완화

[출처-안산둘러보기]

아름다운 우리나라의 습지를 보전해주세요!

[출처-환경부]

물 절약, 어떻게 할까요?	깨끗한 물, 어떻게 할까요?
 설거지 통 사용하기	 세제는 조금만 사용하기
 비누칠 할 때는 수도꼭지 잠그기	 반려동물 산책 시, 배변 수거하기
 양치컵 사용하기	 음식 남기지 않기
 샤워 시간 줄이기	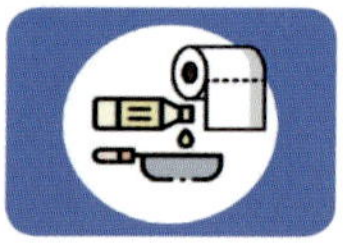 기름때 제거 후 설거지하기

[출처-중랑천환경센터]

4월 22일 지구의 날 / 5월 31일 바다의 날

★ 4월 22일 지구의 날 ★

기후변화의 심각성을 인식하고, 온실가스 감축을 위해 불필요한 에너지를 줄여 환경을 보호하는 날이에요. '지구의 날'은 어떤 날인지, 생활 속에서 실천 할 수 있는 것들을 함께 알아봐요.

전기	에너지 효율 높은 제품 사용	불필요한 전기사용 차단
교통	연비 운전법 지키기	대체교통 이용하기
냉·난방	사용시간 줄이기	온도 조절, 단열재 사용

[출처-중앙선거관리위원회포스트]

우리 집에 있는 가전제품의 에너지 소비 등급은 몇 등급일까요?

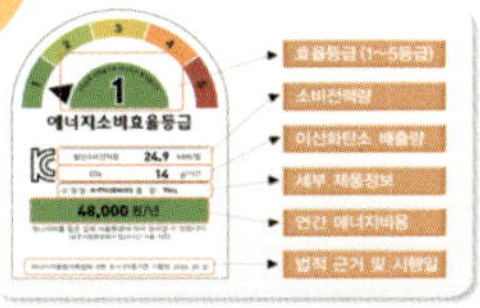

[출처-한국에너지공단]

★ 5월 31일 바다의 날 ★

바다는 물고기, 고래 등 많은 생물들이 살고 있는 집이자 풍부한 자원이 있는 곳이에요. 우리의 소중한 자원, 바다에 대해 고마움을 느끼고 깨끗하게 보호할 수 있는 방법을 생각해봐요.

'프리사이클링'이란?

'미리'를 뜻하는 '프리(pre)'와 재활용을 뜻하는 '리사이클링(recycling)'의 합성어로, '사전재활용'이라는 뜻이에요.

[출처-지식백과 네이버]

실생활에서 실천할 수 있는 프리사이클링

- 일회용 컵 대신 텀블러 사용하기
- 재활용품은 철저히 분리배출하기
- 장바구니나 에코백 이용하기
- 중고거래 등 공유경제 활용하기

[출처-환경부]

개인 텀블러를 사용하여 할인혜택을 받아보세요!

스타벅스 할리스커피 엔젤리너스커피 파스쿠찌 커피빈 롯데리아 파파이스

투썸플레이스 탐앤탐스커피 크리스피크림도넛 파리크라상 이디야 던킨도너츠 베스킨라빈

[출처-열정보고서]

6월 5일 세계 환경의 날 / 7월 11일 세계 인구의 날

★ 6월 5일 세계 환경의 날 ★

환경 보전을 위해 전세계의 나라가 참여하여 환경 보호를 알리는 날이에요. 환경의 날에는 환경이 주는 소중함을 기억하며 환경을 보호하는 방법을 알아봐요.

[출처-그대그향기에세상이아름다워라]

베이킹소다 지우개를 만들어서 환경을 보호해요!

[출처-싱그러운블로그]

1. 베이킹소다와 전분, 물을 4:2:1 비율로 준비해요.

2. 물을 조금씩 넣으며 가루를 뭉쳐요.

3. 손으로 뭉치거나 얼음 틀에 넣고 굳혀요.

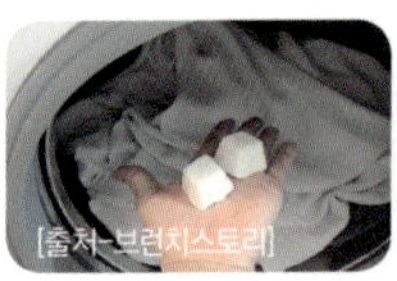

[출처-브런치스토리]

빨래 할 때 세탁기 속에 쏙~

신발장이나 냉장고에 넣어 탈취제로 활용해요.

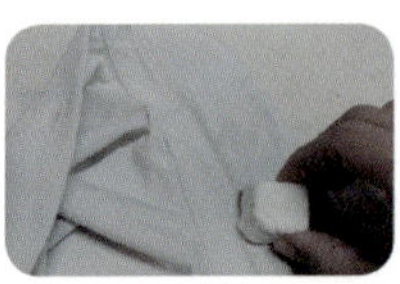

옷에 문질러 얼룩을 지워요.

★ 7월 11일 세계 인구의 날 ★

세계 인구가 50억 명이 넘는 것을 기념하며 지정된 날이에요. 인구수가 늘어나면서 환경문제도 빠르게 심각해지고 있어요. 지구와 환경을 위한 적극적인 관심과 실천이 필요해요.

[출처-태성산업]

신선식품을 찾는 소비자들이 증가하면서 흔히 볼 수 있는 아이스팩은 음식의 신선도를 유지시켜 주지만 하천이나 바다에 흘러들어가면 해양을 오염시켜요. 환경을 예방하고, 아이스팩을 재활용 할 수 있는 방법을 알아봐요.

1. DIY 방향제

[출처-윤선생]

- 아이스팩의 입구를 자른 후 공병에 내용물을 담아요.
- 병에 담은 아이스팩에 아로마오일이나 향수를 뿌려요.
- 잘 저어서 화장실, 신발장에 넣어주면 향이 2주 정도 지속돼요.

2. 화분 수분 유지

[출처-별망TV미니멀라이프]

- 화분에 물을 충분히 준 후 아이스팩 내용물을 올리면 끝!
- 수분 증발을 막고, 화분을 촉촉한 상태로 유지시켜 줘요.

3. 냉동실 절전효과

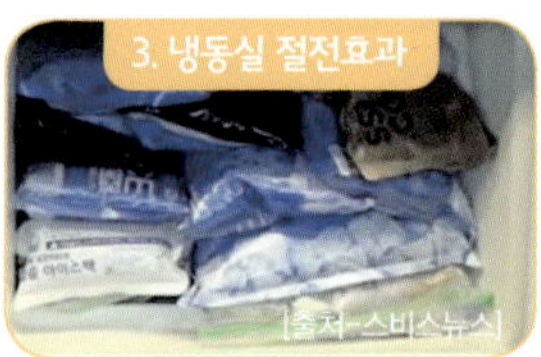

[출처-스비스뉴스]

- 아이스팩을 냉동실에 보관하면 냉장고를 차갑게 하기 위해 소비되는 전기를 절약할 수 있어요.

★ 8월 22일 대한민국 에너지의 날 ★

우리는 생활 속에서 많은 전기를 사용하고 있어요. 에너지의 날은 전기의 중요성을 알리고 과다한 전기 사용으로 인한 지구온난화 문제를 인식하며, 전 국민이 에너지 절약에 동참하고자 만든 날이에요.

지구온난화로 인한 이상기후로 올해(2020년) 54일의 최장기간 장마였으며, 장마 이후 폭염특보가 발효된 상황으로 지구온난화에 대한 관심이 늘어났어요.

에너지의 날에 함께 참여해봐요!

- 최대 전력 소비시간인 오후 2시~3시까지 1시간 동안 에어컨 끄기
- 밤 9시 전국 동시적으로 5분간 전등 끄기

[출처-산업통상자원부]

평균 36만여 명 전국 소등행사 참여!

평균 570,000kWh 전력 절감

평균 18만여 명 에너지의 날 행사 참여!

[출처-한진KDN]

★ 9월 6일 자원순환의 날 ★

자원순환의 날은 폐기물도 소중한 자원이라는 인식을 갖고 쉽게 버려지는 일회용품을 사용하는 대신 재활용이 가능한 제품을 사용하는 습관을 기르는 날이에요.

우리가 쉽게 마시고 버리는 커피찌꺼기를 재사용하여 자원순환을 실천해봐요!

소금을 넣어야 원두 찌꺼기에 곰팡이가 생기지 않아요! 물2 : 소금1

1. 밀가루와 말린 커피찌꺼기를 1:1 비율로 넣어요.

2. 소금물을 넣어가며 반죽해요.

3. 반죽을 모양 틀로 누르거나 원하는 모양으로 빚어요.

4. 반죽을 잘 말린 후 고체 탈취제로 사용해요.

[출처-주제없는블로그]

10월 16일 화학조미료 안 먹는 날 / 11월 26일 아무것도 사지 않는 날

★ 10월 16일 화학조미료 안 먹는 날 ★

요리할 때 감칠맛을 내는 화학조미료는 인체에 해로운 영향을 끼칩니다. 화학조미료 대신 건강한 밥상을 책임질 천연조미료에 대해 알아보고 자연주의 식생활을 함께 실천해봐요.

천연조미료를 사용해요.

땅콩

고소하고 담백한 맛을 더해 줘요.

* 알레르기를 유발하기도 하므로 알레르기 반응이 있다면, 땅콩을 피하는 것이 좋아요

표고버섯

미네랄과 칼슘이 많아 건강 음식에 자주 사용돼요.

* 표고버섯 가루는 독특한 감칠맛이 있어 찌개, 국, 조림, 무침 등에 쓸 수 있어요

양파

영양소 흡수와 혈당 조절에 도움을 줘요.

* 음식에 넣으면 단맛을 내기 때문에 아이들 입맛에도 딱 이에요!

생강

생강의 매운 맛 성분은 식욕이 되살아나고 소화가 잘 되도록 도와줘요.

* 생강을 바로 갈아 음식에 넣고 끓이면 쓴맛이 나요. (말린 가루를 사용해주세요.)

[출처-환경부]

★ 11월 26일 아무것도 사지 않는 날 ★

우리가 물건을 사면서 쓰레기가 나오고 물건을 만들기 위해서는 소중한 자원이 필요하답니다. 아무것도 사지 않는 날 만큼은 소비를 멈추고 꼭 필요한 물건만 구매하는 착한 소비 습관을 생각해봐요.

과소비를 방지하는 쇼핑 TIP!

[출처-데일리포스트]

구매리스트 작성 및 전단지 확인하기

쇼핑카트 대신 장바구니 사용하기

체크카드나 현금 사용하기

가계부 쓰기

나의 과소비 지수를 계산해보세요.

[출처-국민은행]

나의 환경지킴 체크리스트

나의 환경지킴 체크리스트!

나의 환경지킴 레벨 CHECK!

여러분은 일상에서 환경을 지키고 계신가요?

ECO - LIST

- 카페에 갈 때 개인 텀블러를 챙겨 다닌다.
- 유리, 페트병, 비닐, 스티로폼 등 분리수거에 대해 알고 있다.
- 쇼핑 시 비닐봉투가 아닌 장바구니나 에코백을 사용한다.
- 평소 환경을 위해 대중교통을 이용한다.
- 물건을 살 때 물건의 포장재나 용기가 친환경적인지 고려한다.
- 업사이클링 ⊕ 제품을 이용해본 적이 있다.
- 1회용 빨대가 아닌 개인 스테인리스 빨대를 사용한다.
- 분리수거 시 겉면에 묻은 이물질(음식물 등)을 씻어서 버린다.
- 샤워, 목욕 시 필요 없을 때에는 물 수도를 잠궈둔다.
- 헌 옷은 버리지 않고 아름다운 가게나 헌옷 수거함에 넣는다.

업사이클링이란?

재활용 의류를 통해 옷이나 가방을 만들거나 버려지는 폐현수막, 자투리 천, 폐목재 등에 디자인을 입혀 재탄생시키는 것

/ 출처: 네이버지식백과 /

3 ‘마포둥이 지구를 지켜라’ 어린이축제 세부내용

주요 행사내용 : 가족문화뜰, 마포놀이뜰, 지구사랑뜰 테마별 프로그램 진행

가족문화뜰

가족이 함께하고 즐길 수 있는 공연 관람	
어린이 뮤지컬	문화감수성을 키울 수 있는 공연 관람
어린이 인형극	환경을 주제로 한 어린이 인형극 관람
메인 행사	마포구 가족 100명 흥미진진한 골든벨타임!

마포놀이뜰

다양한 놀이기구 체험 및 유관기관 프로그램 운영	
놀이기구 체험존	곰돌이 바운스, 레일기차, 라이더 등
창의감각 놀이존	재미있는 만들기 & 그리기 체험 운영
유관기관 프로그램	유관기관이 직접 운영하는 프로그램 참여

지구사랑뜰

지구환경에 관심을 가질 수 있는 프로그램 운영	
탄소중립 프로그램	환경보호의 중요성을 느끼며 만드는 체험존
샌드아트 체험존	샌드아트 체험 & 홍보영상 시연
친환경 감각놀이터	자연친화적 재료를 활용한 놀이공간

테마별·특성별 프로그램 구성 내용

- **가족문화뜰** : 어린이 창작뮤지컬, 어린이인형극, 샌드아트(마포이야기), 우리가족 골든벨(구청장님 격려사 및 내빈 퍼포먼스)
- **마포놀이뜰** : 유관기관 프로그램, 놀이기구 체험존, 창의감각 놀이존 운영, 마포사랑 포토존, 캐릭터 인형과 버블놀이 등
- **지구사랑뜰** : 탄소중립 프로젝트, 샌드아트 체험존, 핸드 스티커, 편백나무존, 상상나라 빅블록, 그림책 휴식존 등
- **쉼뜰/이벤트** : 이글루 캠핑존, 에어바운스 볼풀장, 어린이 환경안전 전시회, 지구지킴이 스탬프투어, 소각제로 자원순환 전시체험 등

행사일정

시 간	일 정	행사 내용 및 출연자
9:00~10:00	**개회준비**	자원봉사자 배치 및 입장안내
10:00~16:30	**공연 및 프로그램 운영**	[공연운영] 10:00~14:15 - 어린이 공연(뮤지컬 3회, 인형극 2회) 관람 ※ 대강당 및 열린나루 공연장에서 시간대별 진행 [놀이기구·체험부스 운영] 10:00~15:00 - 다양한 부스 프로그램 체험 및 어린이 놀이공간 운영
16:30~17:30	**우리가족 골든벨 운영**	[공식행사] 16:30~17:25 - 우리가족 골든벨(100가족 참여) [폐막식] 17:25~17:30 - 우리가족 골든벨 시상식 **※ 공식행사 참여 100가족은 사전신청을 통해 운영**
17:30~18:00	**폐회**	행사 마무리(행사장 청소 및 장비 철거 등)

행사장소 및 시설물 여건

4 마포구육아종합지원센터 **그린챌린지 공모전 세부내용**

마포구육아종합지원센터에서는 지난 6월 마포구 어린이축제의 주제인 '환경보호'와 캠페인으로 추진되었던 '그린챌린지'와 연계하여 마포구 관내 어린이집을 대상으로 공모전을 진행하고자 합니다. 공모전을 통해 환경보호의 중요성을 알리고 환경을 지킬 수 있는 어린이집의 다양한 실천사례들을 발굴하여 공유하고자 하오니 어린이집의 많은 참여 바랍니다.

가. 공모 주제 : '그린챌린지' 내용을 활용한 어린이집 내 환경보호 실천사례 1편
※ 2023년 4~9월(접수일자 전까지) 보육과정 운영 중

나. 응모 자격 : 마포구 관내 어린이집

다. 접수 기간 : 2023년 9월 1일(금) ~ 9월 15일(금) 18:00

라. 접수 방법 : 마포구육아종합지원센터 대표 이메일(mpcic0202@hanmail.net)로 서류 및 양식 제출
※ 붙임파일 필수확인

마. 심사 기준 : 1차 – 접수기간, 제출 서류·양식 기준 준수
2차 – 외부 전문 심사위원단 심사

바. 시상 내역 : 총 8개소 시상(최우수상 1개소, 우수상 2개소, 장려상 5개소)

사. 발표 및 시상 : 2023년 10월 중(예정)

아. 문의 : 02-308-0202 / 070-8855-9257

붙임 1. 2023년 그린챌린지 우수사례 공모전 공고문 1부.
붙임 2. 2023년 그린챌린지 우수사례 공모전 신청서 및 동의서 1부.
붙임 3. 2023년 그린챌린지 우수사례 작성 양식 1부.
붙임 4. 2023년 그린챌린지 우수사례 공모전 홍보지 1부. 끝

붙임 1 2023년 그린챌린지 우수사례 공모전 공고문

2023년 「그린챌린지 우수사례 공모전」 안내

2023. 7. 11.(세계 인구의 날) 마포구육아종합지원센터

지구의 환경오염에 따른 지구온난화, 이상기후 등으로 환경보호의 중요성이 지속되고 있으며 전세계적으로 환경보호를 위한 노력들이 다양하게 실천되고 있습니다. 이에 미래 환경을 삶의 터전으로 삼아야 할 우리 아이들을 위해서 보육현장에서도 어린이집 운영 및 영유아·보육교직원의 일상생활 및 보육과정 등을 통한 적극적인 환경보호 참여가 필요합니다.

이에 마포구육아종합지원센터에서는 지난 '제13회 마포구 어린이축제 「마포둥이, 지구를 지켜라!」의 주제인 환경보호 및 캠페인으로 추진되었던 '그린챌린지'를 사전 안내한 바가 있습니다(2023.4.28. 공문 '마포-육아-230428-002'). 이와 연계해 보육현장에서 '그린챌린지' 내용을 활용하여 영유아 발달 및 현장에 적용하기에 적절하고 다양한 환경보호와 관련한 우수한 실천사례들을 발굴하여 독려 및 공유하고자 하오니 어린이집의 많은 참여 바랍니다.

■ **공모 주제** '그린챌린지' 내용을 활용한 어린이집 내 환경보호 실천사례 1편

※ 2023년 4월~9월 (접수일자 전까지) 보육과정 운영 중

■ **응모 자격** 마포구 관내 어린이집

■ **접수 기간** 2023년 9월 1일(금) ~ 9월 15일(금) 18:00

■ **접수 방법** 마포구육아종합지원센터 대표 이메일(mpcic0202@hanmail.net)로 서류 및 양식 제출

메일 제목	그린챌린지 우수사례 공모전 - ○○어린이집
제출 서류 및 양식	① 공모전 신청서 및 개인정보 수집 및 이용동의서(붙임2) ② 그린챌린지 우수사례 양식(붙임3) ③ 우수사례에 첨부된 사진(JPG)원본 압축파일
서류양식 기준 ※양식 수정 금지	* 전체 분량 A4 10페이지 이내, 한글파일(hwp)로 제출 * 맑은고딕 / 11포인트 / 줄간격 160% / 지정된 용지여백 유지

■ **진행 일정**

구분	일정	방법
접수기간	9. 1.(금) ~ 9. 15.(금) 18:00	이메일 접수
심사	9~10월 중	- 1차 : 접수기간, 제출 서류·양식 기준 준수 - 2차 : 외부 전문 심사위원단 심사
발표 및 시상식	10월 중	- 발표 : 센터 홈페이지 및 어린이집 개별연락 - 시상식 : 오프라인 시상식 예정

※위 진행 일정은 공모전 접수상황에 따라 변경될 수 있음

■ 심사 내용

심사항목		세부 내용	배점
1차		• 접수기간 및 제출서류·양식을 준수하였는가?	10
2차	적합성	• 영유아·놀이중심 보육과정에 기초하여 환경보호 실천사례가 운영되었는가?	30
	적용 가능성	• 어린이집의 상황과 여건을 고려한 실천사례로써, 향후 관내 어린이집 활용 및 동료교사들이 쉽게 이해하고 적용해 볼 수 있는가?	30
	즐거움	• 환경보호 실천에 참여한 영유아와 교사, 가정이 즐거움으로 느끼고 일회성 행사가 아닌 실천사례를 지속하고자 하였는가?	20
	창의성	• 독창적이고 차별성 있는 내용으로 실천사례가 구성되었는가?	10
총 점			100

■ 시상 내역

수상 구분	대상	시상 내용
최우수상	1 개소	마포구육아종합지원센터장상 및 상품권 (50만원)
우 수 상	2 개소	마포구육아종합지원센터장상 및 상품권 (30만원)
장 려 상	5 개소	마포구육아종합지원센터장상 및 상품권 (10만원)

※위 시상내역은 공모전 접수상황에 따라 변경될 수 있음

■ 유의사항 및 문의

1. **'그린챌린지'**는 지난 공문(2023.4.28.)을 통해 링크 안내 및 홈페이지 공지사항에 PDF파일이 게시(사전 홍보)되어 있으며, 홈페이지 팝업존에 2개월마다 환경기념일이 게시되고 있습니다.
2. 실천사례는 **어린이집 1개소당 대표 실천사례 1편만 응모 가능**하며, 응모작은 일체 반환하지 않습니다.
3. 공모전에 제출하는 자료는 반드시 제출양식 기준을 준수하여 주시고, 첨부 사진은 반드시 **저작권 및 초상권에 위배되지 않게 보육교직원 및 해당 영유아 학부모의 동의를 받아 원본 파일로 제출**해 주시기 바랍니다.
4. 제출된 자료의 **저작권 및 소유권은 어린이집**에게 있으며, 출품어린이집(원장)의 **동의(신청서 내 포함)하에 추후 공적 용도로 활용**될 수 있습니다.
5. 수상 이후 허위사실 기재, 이미 공개된 내용, 타 공모전 수상, 표절 사실 등이 밝혀질 경우 수상이 취소(시상내용 반환 포함)될 수 있습니다.
6. 심사점수는 공개되지 않으며, **수상작 발표는 10월 중**에 **개별안내** 및 **홈페이지에 공지**될 예정입니다.
7. 문의처 : 02-308-0202 / 070-8855-9257

붙임 2 2023년 그린챌린지 우수사례 공모전 신청서 및 동의서

마포구육아종합지원센터에서 주최하는 「2023년 그린챌린지 우수사례 공모전」 참여를 위해 제출하는 제출양식에 포함된 사진 사용에 아래와 같이 동의하여 주시기 바랍니다.

■ **대 상** : 사진 속 얼굴 식별이 가능한 영유아 및 보육교직원

■ **사용내용** : 어린이집 그린챌린지 우수사례 공모전 심의자료 및 우수사례 선정 시, 우수사례집 제작에 활용

○ 초상권이 동의된 사진의 저작권은 사진을 촬영한 어린이집에 있습니다.

○ 초상권 동의를 위해 수집된 개인정보는 본인 확인 외에 어떤 용도로 사용하지 않습니다.

〈저작권 및 초상권 동의를 위한 개인정보수집(연락처)에 대한 동의 명단〉

동의자 성함	관계	연락처	서명	비고
예시) 김그린	본인(교사)	010-1234-5678		만*세반 교사
예시) 이우수	부	010-5678-1234		만*세 이마포

※ 칸 추가 가능

본 어린이집은 위의 사항을 확인하고 「2023년 그린챌린지 우수사례 공모전」 참여를 위해 제출양식에 포함된 사진의 저작권 및 초상권 동의 절차를 거쳤으며, 위 사항에 모두 동의합니다.

2023년 월 일

______ 어린이집 원장 ________ (직인)

마포구육아종합지원센터장 귀하

붙임 3 2023년 그린챌린지 우수사례 작성 양식

어린이집 명	○○어린이집	어린이집 유형	
진행 기간	2023년 ○월 ○일 ~ ○월 ○일(4~9월 이내)		
우수사례 명			
관심의 시작	어린이집에서 환경보호 실천(그린챌린지)이 진행된 배경 및 사전 경험 등을 간략히 설명		

1 사전 준비 내용
환경보호 실천을 위해 준비했던 보육과정, 물리적 환경, 가정과의 연계 등
2 그린챌린지 이야기
※ 작성 시 참고사항 (작성 시에는 삭제) ▶ 영유아·놀이중심 보육과정에서 시작된 환경보호 실천사례 및 그린챌린지 활용내용 ▶ 어린이집 보육교직원의 고민과 교육적 지원, 함께 나누고 싶은 사례 속 배움 ▶ 활용된 공간·자료, 놀이와의 연결, 가정과의 연계 등 관련 사진 및 문서 첨부 가능 ▶ 공정한 심사를 위해 신청서 외 작성 양식이나 사진 등에 어린이집 이름 기재 삼가 ▶ 사진 : 사진 속 모든 대상의 초상권 동의가 필요하며 사진 장수와 구성은 자율 ※ 양식에 첨부되는 사진 원본파일은 별도 첨부(압축)하여 제출 〈참고 사이트〉 - 국가환경교육 통합플랫폼 (https://www.keep.go.kr/) - 기후변화홍보포털 (https://www.gihoo.or.kr/) - 서울에너지드림센터 (https://seouledc.or.kr/)
3 그린챌린지를 통해 변화된 모습
환경보호 실천을 진행하면서 변화된 영유아와 가정, 보육교직원의 인식, 변화된 모습, 달라진 보육환경 등, 진행하면서 좋았던 점 등을 작성. 개선이 필요한 사항이 있다면 작성.

붙임 4 2023년 그린챌린지 우수사례 공모전 홍보지

그린챌린지
우수사례 공모전

[공모 주제]
'그린챌린지' 내용을 활용한 어린이집 내 환경보호 실천사례 1편

[응모 자격]
마포구 관내 어린이집

[접수 기간 및 방법]
*2023. 9. 1. ~ 9. 15.(~18:00)
*이메일 제출(mpcic0202@hanmail.net) ※제출 양식 준수

'그린챌린지' QR코드

[시상내역]
최우수상 1개소 / 우수상 2개소 / 장려상 5개소

※자세한 내용은 첨부파일 공모전 안내문 참조

서울 마포구육아종합지원센터
SEOUL MAPO SUPPORT CENTER FOR CHILDCARE

5 | 마포구육아종합지원센터 그린챌린지 공모전 우수사례

2023 마포구 어린이집 그린챌린지(ESG)

우 수 사 례 집

1

최우수상

국공립 ······· **도화어린이집**

2023 최우수상
마포구육아종합지원센터

국공립

도화어린이집

원장 **홍인혜** | 교사 **김선형**

우수사례 명 **함께해요, 물 사랑** 진행 기간 | 2023년 7월 7일~9월 14일

관심의 시작
유아들과 물놀이하며 '물에 뜨는 것'과 '물에 뜨지 않는 것'을 보고 왜 어떤 것은 물에 뜨고 안 뜨는지를 궁금해하였다. 수조에 물건을 넣을 때 색이 변화되는 과정을 살펴보던 중 유아가 "선생님 물이 더러워졌어요", "더러운 물은 못 먹어요", "물고기도 못 살아요"라며 물이 더러워지는 모습에 관해 이야기를 나누었다. "어떻게 물을 깨끗하게 할까"라고 물어보자 "우리가 물을 보호하자"라며 물에 넣어둔 놀잇감을 정리하면서 물을 보호하기 위해 할 수 있는 일들을 알아보는 캠페인이 시작되었다.

1 사전 준비 내용

• 교사의 고민

여름이 되어 물과 관련된 놀이 활동을 하던 중 유아의 "물이 더러워졌어요"라는 말과 함께 물을 보호하고 아끼는 유아들의 관심을 더욱 확장하기 위해 교사는 '어떻게 지원해야 놀이가 지속될까?'를 고민하게 되었다.

• 교육적 지원

[자료] 그림으로 표현하고 싶은 유아들이 직접 그릴 수 있도록 다양한 재질의 종이, 그리기 및 채색 도구, 마스킹 테이프, 그래프 도안, 물의 변화를 관찰하며 놀이할 수 있는 교구(커다란 물통, 물놀이 도구, 플라스크, 스포이드, 재활용품, 다양한 물감 등)를 지원하였다.

[관찰 및 상호작용] 놀이의 흐름을 따라가며 물의 변화 과정을 살펴보고 필요한 물품이나 재료를 어떻게 만들고 표현할지, 무엇이 필요한지, 물을 아끼고 보호하기 위해 우리가 할 수 있는 것들에 대해 유아들과 이야기를 나누었다.

- **물리적 지원**

[공간] 어린이집 공간을 자유롭게 이용하여 유아들이 직접 그려본 '물 보호' 포스터를 다른 교실 앞, 복도 등에 붙여보았다.
[시간] 7월에 시작되어 물을 보호하고 어린이집과 가정에서 지킨 '물 보호' 활동을 그래프에 스스로 기록하며 꾸준하게 현재까지 물 보호를 실천하는 모습을 보였다.
[가정과의 연계] 유아들이 '물 보호' 그림 카드를 직접 그려 가정에서도 그림을 세탁기, 욕실 화장실, 식탁 등에 붙이고 물 보호를 실천하며 피드백을 받으며 진행하였다.

2 그린챌린지 이야기

- **'함께해요, 물 사랑' 진행 단계**

1단계	2단계	3단계
놀이의 시작	놀이 진행과정	가정과의 연계
• 물에 뜨는 것과 뜨지 않는 것을 찾아봐요. • 바깥놀이 활동에서 수조놀이 연계활동	• 우리가 물을 보호해요. • 동생들에게도 알려주고 함께 실천해요. • 내가 물을 절약하는 방법은? • 우리반 친구들은 어떤 방법으로 물을 보호하고 있을까?	• 함께 실천해요 '물 사랑'

물에 뜨는 것과 뜨지 않는 것

물에 뜨는 물건, 물에 뜨지 않는 물건 탐색 후 수조에 넣어보기를 통하여 무게, 크기 등에 대해 비교하고 경험함.

→ 흥미가 지속 될 수 있도록 큰 수조 지원

물 위에 배가 둥둥

지속적인 흥미를 보이면서 바깥놀이 활동에서도 물 위에 뜨는 배, 뜨지 않는 바다 생물 모형을 스스로 찾은 후 놀이가 지속됨.

↓ 바다 생물 모형, 다양한 크기의 배 놀잇감, 물감 지원

물의 색이 변화되는 과정

물속에 모래, 흙, 물감 등을 넣어보면서 점점 물의 색이 변화되는 과정을 살펴보고 유아들이 물감 색을 다르게 넣어보며 비교하는 모습을 보임. 물이 탁해지면서 '오염'이라는 단어를 알게 됨.

← "오염된 물에는 동물들이 살 수 없어요", "그럼 어떻게 해야 할까?"

우리가 물을 보호해요

"물을 아껴 쓰는 포스터를 만들어요", "그럼 내가 그림을 그려볼게", "나도 같이 하자", "물이 깨끗해야 물고기가 살 수 있어", "양치컵을 사용해야 해", "물을 잠그고 손을 씻어야 해" 유아들과 의견을 함께 나눔.

↓ 그리기 도구, 자료 지원

환경 포스터로 표현해요

유아들의 다양한 의견을 직접 그림으로 표현하고 글을 적은 후 포스터 꾸미기 활동으로 확장됨.

→ 어린이집 전체 공간 허용

동생들과 함께 해요

"동생반 친구들에게도 알려주고 싶어요", "나는 원장님반에 붙일래", "우리는 사랑반에 붙이자"라며 포스터 붙일 곳을 스스로 정한 후 동생들에게 설명해 주고 캠페인 활동이 시작됨.

↓ 그래프 지원

물을 아끼고 보호해요

"물 장난 하지 않아요", "샴푸를 조금만 사용해요", "양치컵을 사용해요", "물을 잠그고 씻어요" 중 우리가 실천하고 있는 것을 그래프로 직접 기록하는 모습을 보임.

← 가정과의 연계

집에서도 실천하고 있어요

가정에서도 함께 실천할 수 있는 방법에 대해 이야기를 나눈 후 유아들이 직접 그린 그림 카드를 집안 곳곳에 붙이고, 물을 아껴 쓰고 보호하는 모습을 보임.

놀이의 시작

여름이 되자 물놀이가 활발해지고 다양한 물놀이 놀잇감을 물에 넣어보는 놀이가 진행되었다. 그중에서 물에 뜨는 것과 뜨지 않고 가라앉는 것들을 보고 어떤 것은 물에 뜨고 어떤 것은 가라앉는지를 궁금해했다. 교실에 커다란 수조를 두 개 준비하여 물을 넣고 물에 뜨는 것과 뜨지 않는 것을 찾아보기로 했다. 이러한 경험은 바깥놀이에서도 연계되어 물놀이 시에도 다양한 놀잇감과 도구, 모래 등을 물에 넣어서 변화하는 과정을 살펴보았다. 이 과정에서 모래와 흙, 물감이 들어가 물이 더러워지는 것을 통해 유아들은 '오염'이라는 개념을 알게 되었다.

물에 뜨는 것과 뜨지 않는 것을 찾아봐요

똑같은 수조에 같은 양의 물을 담은 후 교실에 있는 다양한 놀잇감, 물건을 넣은 후 반응을 살펴봄.

"선생님 레고판은 물에 떠요",
"선글라스는 물에 뜨지 않아요",
"우리 다른 것도 넣어보자"

바깥놀이 활동에서 수조놀이 연계활동

큰 수조에 물을 받은 후 유아들이 다양한 배 모형을 물 위에 띄우며 놀이하던 중 물의 색이 변화되는 과정을 살펴보면서, 유아들은 물이 오염되어 깨끗한 물과 더러운 물을 비교하며 물속에 살고 있는 바다 생물을 걱정하는 모습을 보임.

"물속에 흙과 모래가 들어갔어",
"물 색이 변하고 있어",
"더러워서 물고기가 못 살겠다"

"배가 가벼워서
둥둥 떠다녀요",
"동물 모형은 무거워서
물속에 있어"

놀이의 진행 과정 〈환경 캠페인 시작〉

유아들은 더러워진 물을 보면서 “물이 이렇게 더러워지면 물고기가 살 수 없어”, “그럼 우리가 물을 깨끗하게 만들자”, “우리가 물을 어떻게 하면 좋을까?”, “쓰레기를 버리지 않아야 물이 깨끗해져”라며 서로 의견을 말하고 의논하였다. “우리 동생들이나 엄마, 아빠나 다른 사람한테 물을 보호해야 한다고 어떻게 알리면 좋을까?” 교사가 질문을 하자 “계속 말해줘요”, “말로 하면 잊어버리니까 우리 저번처럼 그림을 그려서 나눠줘요”, “그림을 그려서 붙여요”라며 의견을 말하였다. “선생님, 도화지에 그림을 그릴게요”라며 스스로 표현하고 싶은 내용, 글을 적은 후 그림을 꾸미는 모습을 보였다. 그림이 완성된 후 “동생도 물장난해서 동생반에 붙이고 싶어요”라는 유아의 말에 다른 유아들도 “그럼 우리도 1층에 붙이자”, “나는 원장님 방문에 붙일게”라며 그림을 원내 다양한 공간에 붙이게 되었다. 유아들은 동생반 앞에 그림을 붙이고 궁금해하는 동생들에게 “여기다가 붙일게. 너네도 보면서 물을 아껴 써야 해”라며 동생들에게 물을 아껴 써야 한다고 말해주었다.

우리가 물을 보호해요

물을 보호하는 방법에 대해 유아들이 스스로 의견을 내고 함께 이야기를 나누어 보면서 ‘물 보호’ 포스터 그림을 그리며 확장되는 모습을 보임.

동생들에게도 알려주고 함께 실천해요

"우리가 만든 포스터 동생반 앞에 붙이고 싶어요"라고 의견을 제시하여 붙이고 싶은 곳에 스스로 포스터를 붙여보며 동생들에게도 "우리 함께 물을 보호하자"라며 알려줌.

내가 물을 절약하는 방법은?

물방울 그림 모형을 제공하자 유아들이 실천할 수 있는 다양한 방법을 그림으로 그려보고 글로 적어본 후 모빌을 만들어 교실에 전시함.

가정에서 유아가 실천한 활동들을 표로 만들고 그림으로 볼 수 있게 막대그래프를 제공하였더니 유아들이 스스로 자기가 지켰던 물 보호 활동에 이름을 쓰는 모습을 보여주었다.

"아, 맞다. 나 어제 밥 안 남기고 먹었어. 여기 이름 써야겠다."

"나는 양치할 때 컵에 물 따라서 물을 아꼈어."

유아들은 저마다 자기가 실천한 물 보호 활동을 기억하고 그래프에 적는 모습을 보였다.

우리반 친구들은 어떤 방법으로 물을 보호하고 있을까?

"트리트먼트를 적게 사용해요", "동생이 물장난을 많이 해서 하지 못하게 하고 있어요", "양치컵을 사용해요", "물 틀고 손을 씻지 않아요", "세제를 조금만 사용해요" 등 유아들이 직접 실천하고 있는 방법을 직접 그래프로 표현해 보고 서로 이야기 나누며 가장 많이 실천하는 방법도 함께 살펴봄.

이러한 과정을 통해 유아들은 다른 유아들이 어떤 물 보호 실천을 했는지 살펴보고 자연스럽게 글자를 익히고 그래프를 통해 숫자의 개념을 익힐 수 있었다.

그래프가 점점 다 채워지자 유아들은 *"선생님, 이제 끝이에요. 더 쓸 데가 없어요", "위로 종이를 더 붙여야 해요"* 라며 문제를 해결하려는 모습도 보였다.

이에 교사는 유아들과 함께 그래프 종이를 더 붙여서 유아들이 수시로 쓸 수 있도록 지원하였다.

가정과의 연계

교실뿐만 아니라 가정에서도 함께 실천할 수 있도록 유아들이 직접 물 보호 그림 카드를 그린 후 코팅도 하여 집으로 가져가 세탁기, 욕실 거울, 식탁 등에 붙인 후 가정에서도 함께 물을 보호하고 실천하는 모습을 보여주었다.

"집에서 트리트먼트 조금 사용하고 있다."
"엄마가 세탁기 돌릴 때 세제 조금만 넣으라고 이야기했어."
"동생에게 손 씻을 때 물 잠그고 씻으라고 했어."
"양치할 때 이제 물 끄고 양치하고 있다."

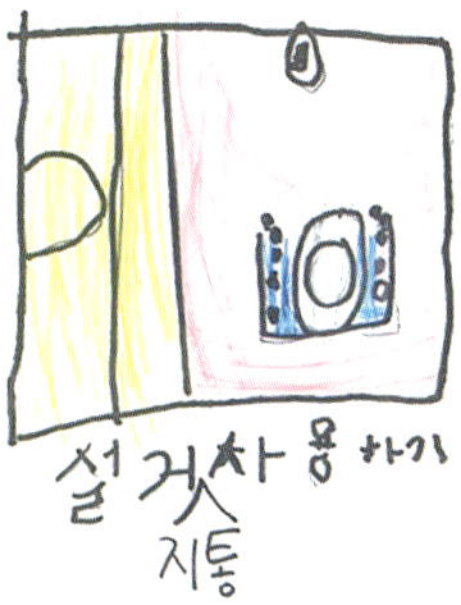

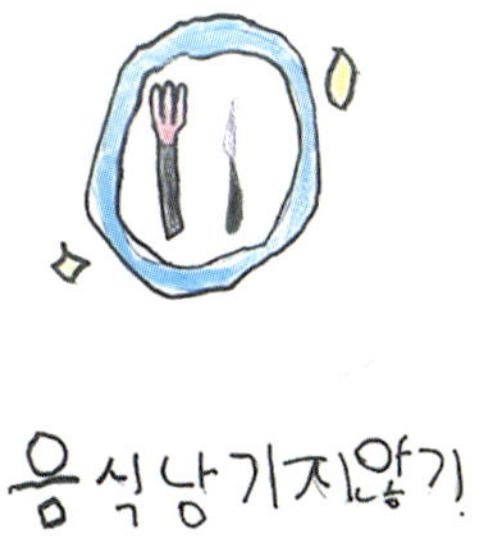

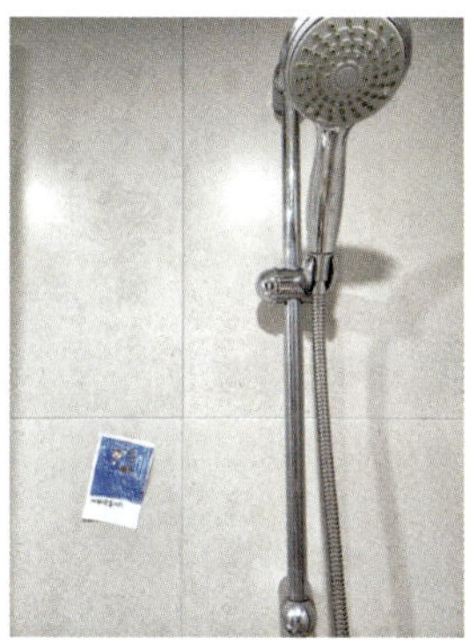

유아들이 물을 아껴 쓰고 보호하기 위해 우리가 할 수 있는 일들을 이야기 나누고 그중에서 집에서도 지킬 수 있는 일들을 그림 카드로 만들어 보았다.

'설거지통 사용하기, 반려동물 산책 시 배변 수거하기, 샤워시간 줄이기, 양치컵 사용하기, 음식 남기지 않기, 기름때 제거 후 설거지하기, 비누칠 할 때는 수도꼭지 잠그기, 세제는 조금만 사용하기' 등 유아들이 그린 '물 보호' 그림 카드를 집에서도 활용하여 물 보호가 필요한 장소에 붙이고 실천해 보는 모습을 가정과 함께 공유하였다.

함께 실천해요 '물 사랑'

유아들이 직접 가정에서 실천하고 있는 사진을 키즈노트에 올려준 후 함께 친구들과 이야기를 나누었고 유아들이 한 명, 한 명 늘어나 서로 물을 보호하고 실천하는 모습을 보여주고 있음.

< 뒤로 알림장 내용

엄마
9월 5일 화요일

그림에 대해서 하나하나 설명하며 열심히인 에요:-)
양치컵을 생활화하지 않았는데 가 먼저 양치컵을 사용하려고하더라고요^^

이번 기회에 아이들과 물을 아끼고 절약하는 방법을 많이 생각하고 실천해 볼게요~~감사합니다!!

< 뒤로 알림장 내용

엄마
9월 12일 화요일

안녕하세요~
물절약하기 사진 보내드려요
손닦을때 물을 껐다 팔로 다시 틀거나 양치할때 컵에 받아서 양치하면서 절약하기 활동을 잘하고 있습니다^^

< 뒤로 알림장 내용

엄마
9월 5일 화요일

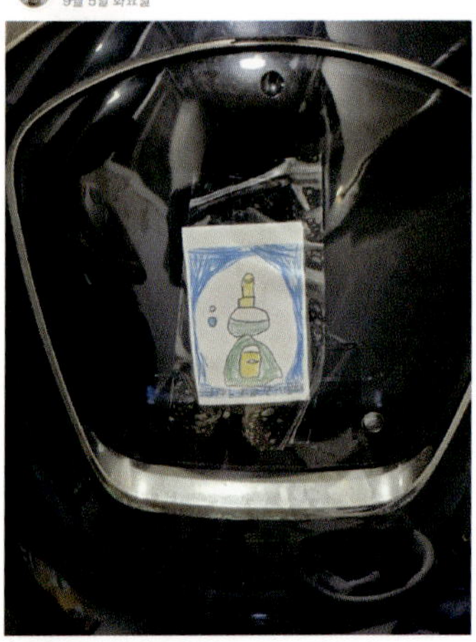

는 손씻을때 비누칠할때
수도꼭지 잠그기 활동을 했습니다
집곳곳에 스티커를 붙이고 가족들에게 물을 아껴야한다고 이야기해 주었습니다~

< 뒤로 알림장 내용

엄마
9월 5일 화요일

어젯밤 환경을 보호하는 그림카드를 화장실, 부엌 , 식탁 등에 붙이더니
아침밥 뚝딱 먹고 음식 남기지 않은 사진찍어달라고 하네요~(식탁위 그림카드 보이시나요ㅎㅎ)

3 그린챌린지를 통해 변화된 모습

● 우리반의 변화

7월 초에는 손을 씻을 때, 화장실에서 물을 계속 틀어놓고 손을 씻는 유아들에게 교사가 “비누칠할 때는 물을 잠그고 씻자”라고 안내하였는데 이번 ‘물 보호’ 캠페인을 하면서 유아들 스스로 손을 씻을 때 “물을 잠가야 해. 그래야 물을 아끼는 거야”라며 이야기하는 모습을 보였다. 유아들이 물통에 물을 따를 때도 “물을 보호해야지, 물이 얼마나 아까운데”라며 물을 담거나 흘릴 때 서로 이야기해 주는 모습도 보였다.

물놀이를 시작으로 ‘물에 뜨는 것’과 ‘물에 뜨지 않고 가라앉는 것’에 대한 호기심에서 출발한 놀이가 현재까지 ‘물 보호’ 캠페인인 그린챌린지로 연계되고 있다. 물을 보호하고 아끼는 방법에 관해 이야기 나누고 다양한 방법으로 표현하였다. 글을 못 쓰는 유아는 다른 유아들의 글이나 교사의 지원을 통해 글을 써보고 다른 유아들의 그림을 살펴보며 “선생님, 나도 그릴래요”라며 자신도 그림으로 표현하기를 즐겼다.

유아들이 주도적으로 활동을 이끌어 가며 포스터를 만들고 그림 카드를 만들어 가정에서도 연계하여 실천하는 모습을 보이며 단순히 일회성이 아니라 즐거운 놀이로 기억에 각인되어 스스로 실천하는 모습이었다. 유아들이 즐겨 하는 물놀이에서 물을 아껴 쓰는 모습으로 확장되는 경험을 통해 다음에는 유아들이 우리가 살아가는 지구를 어떻게 보호하고 놀이로 풀어나갈지 기대하고 있다.

● 교사의 변화

교사가 주도적으로 '환경보호'라는 수업 주제를 정하고 환경보호를 실천하자고 하였다면 일회성에 그쳤을 활동이, 유아들이 주도하자 유아들 스스로 적극적으로 참여하고 다양한 생각과 의견들을 모을 수 있었다. 특히 유아들이 자발적으로 그림 카드를 만들고 가정에서도 스스로 실천하는 모습을 보고 놀이의 힘을 발견할 수 있었다.

● 부모의 변화

가정과의 연계를 통해서 가정에서도 유아들은 '물 보호'를 위해 지켜야 하는 행동들을 스스로 하는 모습을 보여주었고 그 반응에 부모님들로부터 긍정의 호응을 받을 수 있었다.

> 그림에 대해서 하나하나 설명하며 열심인 ○○예요. 양치컵을 생활화하지 않았는데 ○○가 먼저 양치컵을 사용하려고 하더라고요. 이번 기회에 아이들과 물을 아끼고 절약하는 방법을 많이 생각하고 실천해 볼게요~ 감사합니다! (만 4세 학부모님)

이처럼 유아 주도적 놀이의 경험들은 밑바탕이 되어 이후의 다른 놀이에서도 자연스럽게 발현되어 나타날 것이다.

마포구 어린이집 그린챌린지(ESG)

2023 우 수 사 례 집

2

우수상

직장 ……… 삼성SDS 꿈토란어린이집

국공립 ……… 크니크니어린이집

2023 우수상 마포구육아종합지원센터

직장

삼성SDS 꿈토란어린이집

원장 **임혜신** | 교사 **김하늘·최원**

우수사례 명

THE EARTH SAVER

진행 기간 | 2023년 7월 3일~9월 11일

관심의 시작

삼성SDS 꿈토란어린이집 만 4~5세 혼합반은 최근 2~3년에 걸쳐 삼성어린이집 인성교육 프로그램과 연계하여 지속가능한 지구, 우리가 살아가는 지구 공동의 환경문제에 대해 인식하며 환경 감수성을 기르고, 일상생활에서 환경을 위해 실천하는 과정에 참여하기 위한 다양한 환경교육 프로그램을 실행해 왔다. 2023년도 만 4~5세반에서는 8월 아쿠아리움 현장학습을 통해 멸종위기의 해양생물에 대한 관심을 바탕으로 뉴스기사, 그림책 등 다양한 매체를 통해 우리가 살고 있는 지구에서 일어나고 있는 다양한 환경문제에 대해 접근해 보기로 하였다.

1 사전 준비 내용

● 교사의 고민

멸종되어 가는 해양생물에 관심을 보인 유아를 위해 지구환경 문제를 어떤 매체와 방법으로 인식할 수 있도록 지원할 것인지, 유아들로 하여금 인식한 지구환경 문제를 놀이로 표현하고 해결방안을 스스로 생각해 볼 수 있도록 하는 방법은 어떤 것이 있을지 고민하게 되었다. 이에 앞서 교사가 유아의 놀이를 지원하기 위해 환경문제에 대한 자신의 인식을 바꾸는 것이 얼마나 중요한지 깨달았다.

• 교육적 지원

[자료] 환경 지식과 환경 감수성을 기를 수 있도록 지구환경 문제와 관련된 그림책을 교실 책장에 상시 비치하였다. 가정에서 가져온 재활용품을 모으고 사용할 수 있는 공간을 마련하여 리사이클링과 분리수거에 대해 인식할 수 있도록 하였으며, 환경에 대한 새로운 소식들을 수시로 교실 벽면 칠판에 부착하여 현재 지구에서 일어나고 있는 환경문제에 쉽게 접근할 수 있도록 도왔다.

[관찰 및 상호작용] 환경문제에 대한 유아들의 흥미와 놀이의 흐름을 지속적으로 관찰하고 다양한 매체를 활용하여 필요한 자료를 개별적으로 제공하였다. 유아와 일상에서 접할 수 있는 환경문제(산책 중 발견한 쓰레기, 행인이 들고 다니는 플라스틱, 배달원, 급식실 내에 모인 음식물 쓰레기, 빈 장소에 켜져있는 전등 등)에 대해 상호작용하며 주변 환경문제에 대한 유아의 관심이 지속될 수 있도록 하였다. 또한 환경문제를 바라보는 유아의 호기심과 새로운 시점을 파악하여 관련 자료를 제공하고 유아들이 필요한 자료를 직접 선택하도록 하였다.

• 물리적 지원

[공간] 어린이집 모든 구성원이 가장 쉽게 접하는 공간인 어린이집 현관에 유아들의 업사이클링 작품과 환경 보호 포스터를 게시한 전시회를 개최하였다. 더불어 어린이집 모든 원아들과 학부모님들이 참여할 수 있는 ESG챌린지 퀴즈 이벤트를 실시하여 환경문제에 대한 관심을 지속하였다. 환경문제를 위해 유아들이 실천한 모습이 담긴 환경 캠페인 영상을 현관 전자게시판에 게시하였다.

[시간] 현재까지 유아 스스로 나래반 지구지킴이 약속을 실천하고자 하는 모습이 나타나고 있다. 실천한 내용을 개별적으로 에코통장에 작성하면서 환경을 위해 실천한 스스로에 대한 자긍심을 가지고 긍정적인 환경생활습관을 기를 수 있도록 지원하였다. 또한 음식물 줄이기 캠페인 이후 모든 유아가 음식물을 남기지 않고 골고루 식사하는 올바른 식사습관을 형성하게 되었다.

[가정과의 연계] 어린이집뿐만 아니라 가정에서 발생하는 쓰레기를 교실 내 분리수거 공간에 분류하고 이를 놀이에 필요한 물건으로 활용하는 모습을 관찰할 수 있었다. 또한 가정에서 유아가 부모님께 텀블러와 장바구니 사용을 제안하거나 가정에 놀러 온 손님 등 새로운 사람들에게도 프로그램을 통해 인지한 환경문제에 대한 내용을 전달하고자 하는 모습이 보인다는 피드백을 받을 수 있었다. ESG챌린지 퀴즈 이벤트 사은품으로 가정에서 사용할 수 있는 친환경 제품을 제공하여 환경보호 실천 동기를 제공하였다.

2 그린챌린지 이야기

● 'THE EARTH SAVER' 진행 단계

1단계	2단계	3단계	4단계
환경문제 인식	해결방안 모색	실천하기	지속하기
• 우리가 살아가는 지구에서 일어나는 환경문제에 대해 인식해 본다.	• 생명과 자연환경에 대해 소중히 여기는 마음을 가지고, 환경을 위해 내가 할 수 있는 일을 생각해 본다.	• 어린이집, 가정 등 일상생활에서 지구를 위해 내가 실천할 수 있는 일을 한다.	• 급변하는 환경문제에 대해 지속적으로 관심을 가지고 적극적인 실천을 한다.

놀이의 시작

아동 대상 환경문제에 대한 인식 돕기 - "지구에 무슨 일이 일어나고 있을까?"

아쿠아리움 현장학습을 통해 알게 된 멸종 위기에 처한 해양 생물들에 대한 관심을 시작으로 다양한 해양 생물들이 멸종 위기에 처한 이유와 현재 지구에서 일어나는 여러 종류의 환경오염(기후변화로 인한 산불, 플라스틱 섬 등)에 접근해 보기로 하였다. 여러 매체(환경 영상 프로그램 「벌거벗은 세계사 E.90 / KBS 스페셜-플라스틱 대한민국 불타는 쓰레기 산」)를 통해 알게 된 환경문제에 대한 각자의 생각 및 소감을 함께 이야기 나누며 환경오염으로 인해 고통받는 자연과 동물의 상황에 대해 공감하고 인식해 보는 시간을 가질 수 있었다.

교사 대상 환경문제에 대한 인식 돕기 - "환경을 생각하는 자가진단 체크리스트"

환경문제에 대해 관심을 갖게 된 유아들과 놀이를 시작하기 전에 교사들 스스로가 환경문제에 대해 얼마나 인지하고 있으며 노력하고 있는지 먼저 확인하고자 하였다. 그린챌린지 속 '환경을 생각하는 자가진단 체크리스트'를 통해 교사의 환경에 대한 인식을 사전 점검하고 교직원을 대상으로 환경 인식 교육을 계획하여 진행하였다. 토론 및 환경 스페셜 다큐 영상을 활용한 교사교육을 통해 현재 환경문제 및 '편리함-환경'이 주는 도덕적 딜레마를 인식하는 계기가 되었으며, 교육을 바탕으로 아이들을 위한 환경교육의 방향을 선정하고 계획할 수 있었다.

가정 연계 환경문제에 대한 인식 돕기 - "우리집 쓰레기를 조사해요"

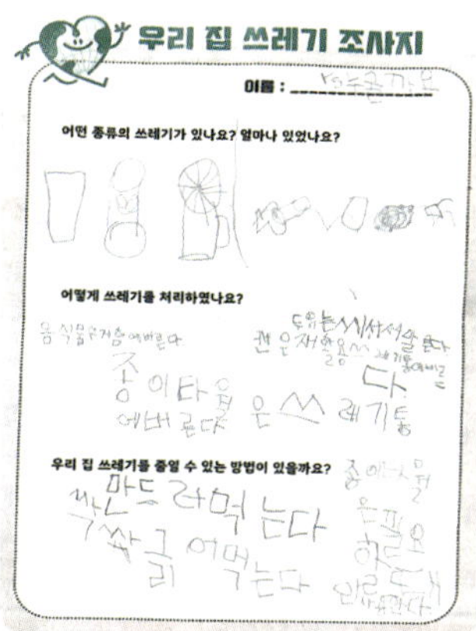

환경문제에 대한 인식 갖기에 있어 가정과의 연계를 위해 아이들과 부모님이 함께 우리집에서 버려지는 쓰레기의 양, 종류 등을 조사할 수 있도록 하였다. 조사한 내용을 공유하며 생활 속에서 많은 양의 쓰레기가 배출됨을 알아보고 우리가 버린 쓰레기가 처리되는 시간과 방법, 비용 등에 대해 알아보면서 생활 속에서 버려진 쓰레기가 환경에 미치는 영향에 대해 인식할 수 있었다.

해결방안 모색하기

"지구지킴이 약속 정하기"

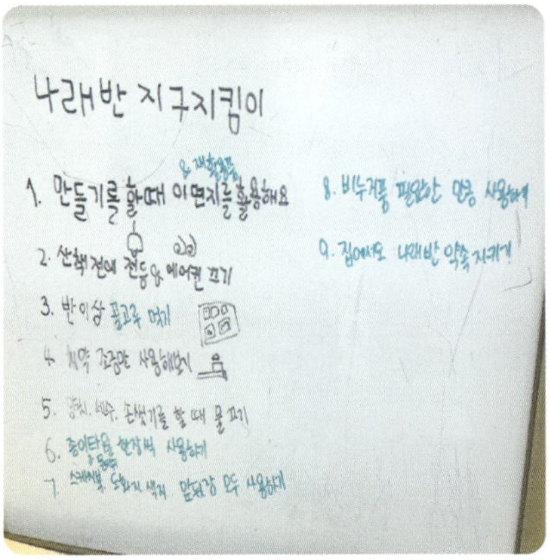

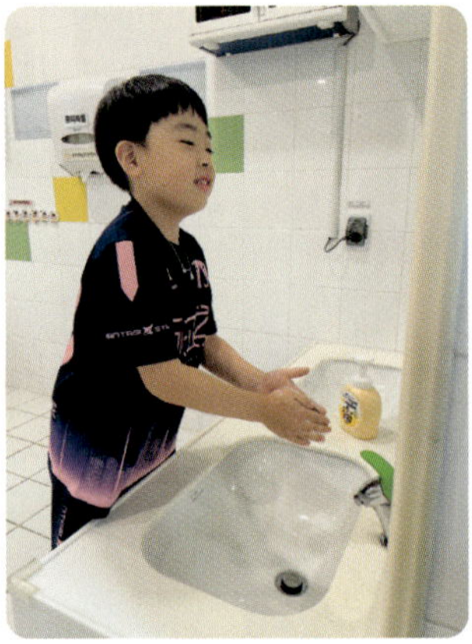

이면지 사용하기

교실을 비우기 전에는 에어컨 끄기

반찬 골고루 먹기

(음식물 쓰레기 줄이기)

분리수거하기 등

유아들과의 이야기 나누기를 통해 우리가 지구를 지키기 위해 일상생활 속에서 실천할 수 있는 것들에 대해 생각해 보고 약속을 정해보는 시간을 가졌다. 어린이집 내에서, 하루 일과 내에서 실질적으로 지킬 수 있는 내용들을 이야기 나누고 나래반 지구지킴이 약속을 정해보았다.

"분리수거는 어떻게 하는 건가요?"

지구를 지키기 위해 유아들이 정한 약속 중에서 분리수거의 의미와 방법에 대해 궁금해하는 유아들이 많아 함께 알아보고 교실에서 실천 가능한 내용들을 정해보는 시간을 가졌다.

유아들이 분리수거를 직접 실천할 수 있도록 분리수거함을 교실 내에 비치하고 교실에서 발생하는 재활용 쓰레기 종류와 양에 따라 분리수거함에 분류하여 버릴 수 있도록 하였다. 분리수거 전 내용물을 깨끗이 씻기, 테이프나 운송장, 상표 등을 완전히 제거하기 등 분리수거에 꼭 필요한 단계와 방법들에 대해서도 알아보고 실천해 볼 수 있었다.

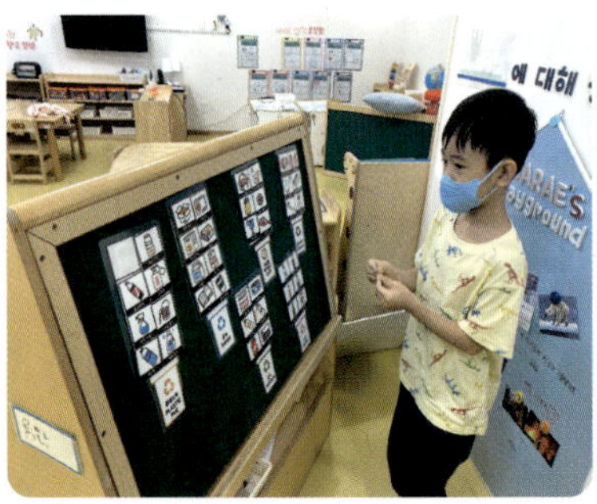

"지구 지킴이 에코통장"

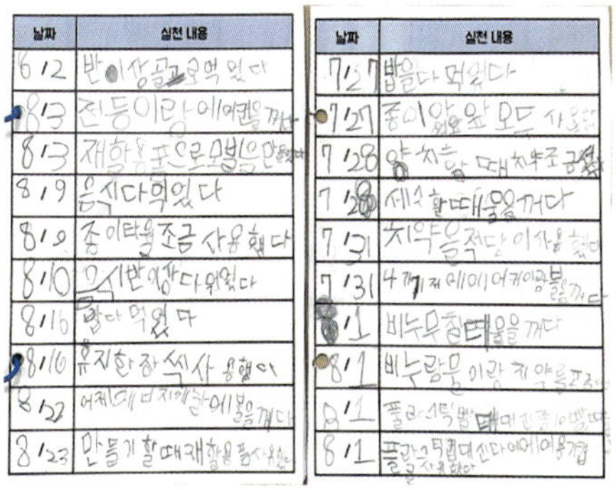

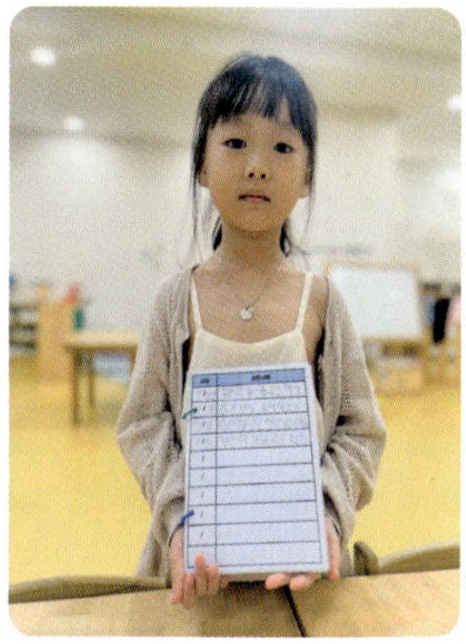

유아들이 정한 지구 지킴이 약속을 실천할 때마다 실천한 내용을 기록할 수 있는 에코통장을 만들어 보고 유아들이 지구를 지키기 위해 실행한 내용을 매일 기록하여 환경을 위한 나의 실천행동을 되돌아 보며 긍정적인 행동이 지속 반복되도록 격려하였다.

실천하기

"우리 모두 함께 음식물 쓰레기를 줄여요!"

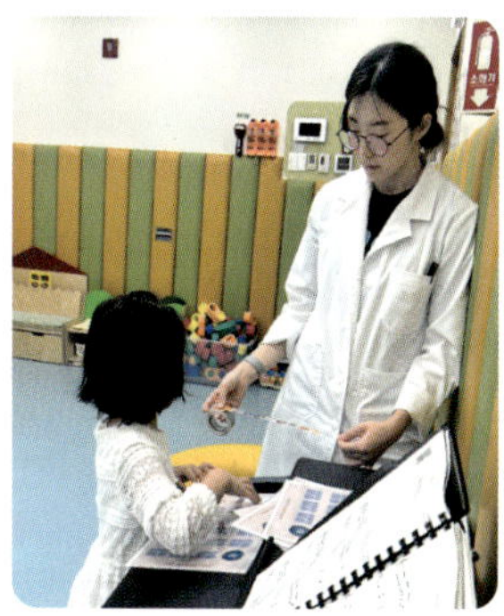

매달 진행되는 기관 내 음식물 줄이기 캠페인의 날을 기점으로 스티커 판을 제공하여 음식물을 남기지 않고 점심식사를 한 유아에게 스티커를 모을 수 있도록 하여 자신이 해낸 일에 대한 즐거움을 느낄 수 있도록 도왔다. 이는 환경을 위한 약속을 실천해 보는 것에서 나아가 평소 편식 등으로 인해 식사에 어려움이 있던 유아들도 식사시간에 대한 긍정적인 인식을 갖는 계기가 되기도 하였다.

"업사이클링이 뭐예요?"

쓰레기에 새로운 가치를 부여하여 우리가 사용할 수 있는 물건 또는 작품으로 재탄생시키는 업사이클링의 의미와 다양한 사례들을 소개하였다. 유아들은 업사이클링의 개념을 이해하고, 재활용품을 활용한 만들기에 흥미를 보이며 다양한 아이디어를 제안하였다. 일과 내에 배출되는 쓰레기를 지속적으로 분리수거함에 모아 업사이클링에 대한 유아들의 아이디어를 다양한 재료와 방법을 활용하여 자유로운 분위기 속에서 나타낼 수 있도록 도왔다.

"지구를 구하는 물건들"

지구 자원과 환경을 위한 친환경 물건에 대해 이야기 나누어 보고 다양한 물건들 중 여름철 날씨에 선풍기나 에어컨 대신 사용할 수 있는 부채를 박스와 재활용 수저 등을 활용하여 만들어 보았다. 일상에서 배출된 쓰레기로 단순한 작품을 만드는 것을 넘어서서 활용도 있는 물건으로 재탄생시키는 업사이클링을 실제로 경험해 볼 수 있었다.

"지구를 위한 한 걸음 전시회"

업사이클링을 경험하는 의미에서 더 나아가 작품을 소개하는 전시회를 개최하여 유아로 하여금 자신의 상상을 나타낸 작품에 대한 자긍심을 느낄 수 있도록 하였다. 이는 또한 학부모님을 대상으로 인성 프로그램 홍보 효과 및 지구환경 보호에 대한 인식을 넓힐 수 있는 기회가 되었다.

지속하기

"함께 걸어요 초록 발자국"

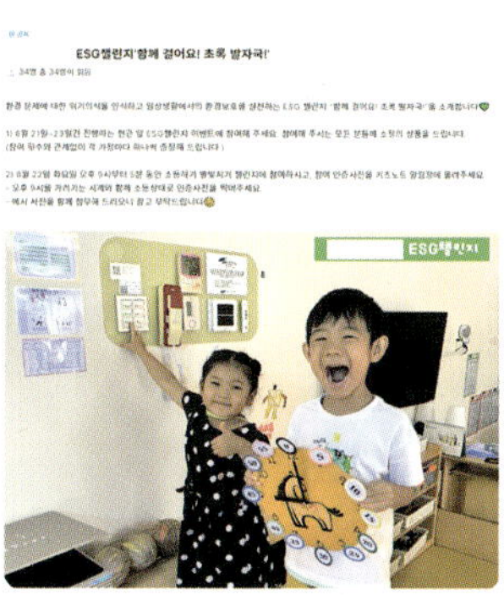

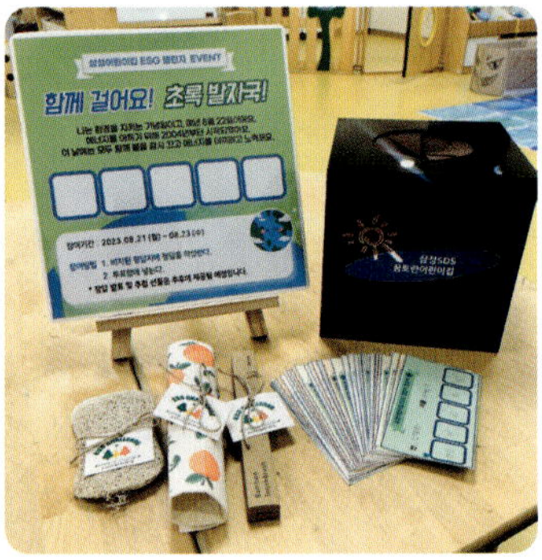

8월 22일 에너지의 날을 홍보하는 목적으로 기관 전체 영유아를 대상으로 ESG챌린지 이벤트를 진행하였다. 에너지의 날 퀴즈 이벤트, 밤 9시 5분간 소등 챌린지 참여 등 가정과 연계를 통해 환경보호와 에너지 절약을 실천해 보는 활동을 마련하였다. 또한 에너지의 날 퀴즈 이벤트 선물로 친환경 제품을 제공하여 가정에서의 생활습관을 되돌아보고 친환경 제품에 대한 인식 개선에 도움이 되고자 하였다.

'지구를 위한 한걸음 전시회'와 에너지의 날 챌린지 등은 전체 어린이집 영유아 및 학부모가 환경에 대해 관심을 갖고 우리에게 닥친 환경 문제를 직시하고, 우리가 함께 실천할 수 있는 일들에 관심을 갖고 참여하고자 하는 동기부여의 계기가 되었다.

반명 및 아동명

나래반 이수호

참여소감

음식물 남기지 않기, 업사이클링, 에너지 절약하기를 수호가 가정에서도 잘 실천하고 있습니다. 좋은 프로그램을 운영해 주셔서 감사하고 앞으로도 지구 환경을 살리기 위해 가족 모두 힘쓰도록 하겠습니다.

반명 및 아동명

나래반 황서진

참여소감

아이가 이번 챌린지를 통해서 탄소줄이기에 관심을 갖게 되었고 무엇보다 억지로 배우는게 아닌 흥미를 통해 자발적으로 지구를 지키겠다는 생각을 하게 된 것같습니다 감사합니다

반명 및 아동명

소담반 이준서

참여소감

작고 소중한 우리 아이들을 위한 실천! ^^ 삼성어린이집 ESG챌린지 '함께걸어요! 초록발자국!' 참여를 통해서 아이와 환경보호를 위해 우리가 실천할 수 있는 일들을 직접 실천해 볼 수 있는 기회여서 의미있었습니다.^^ 어렵거나 특별한 방법이 아닌 우리가 일상생활에서 아이와 직접 실천할 수 있는 일들이여서 환경을 보호해야 한다는 말뿐이 아닌, 작은 실천을 통해 직접 느껴지고 '환경보호'가 먼 이야기가 아니라는 것을 느끼게 해준 것 같아요. 이 챌린지 시작이 습관이 되어, 아이에게 자연스러운 행동으로 이어져갈 수있는 첫 발걸음이 된 것 같아요. 환경을 위한 실천이 습관이 될 때, 특별한 행동이 아닌 일상적인 일이 되어 우리아이들의 미래~ 환경을 지키는 길이 될 것이라 생각됩니다.^^

에너지의 날과 관련하여 학부모님이 작성한 소감을 살펴보면 에너지의 날 캠페인을 통해 환경 보호 실천에 대한 첫 걸음이 되었으며 아이들과의 새로운 대화 주제, 자연스럽게 아이들의 이해를 돕는 캠페인이 되었음을 표현하는 모습을 보였다.

"캠페인 영상 만들기 – 지구 지킴이 약속"

지구 지킴이 활동 전반을 통해 우리가 함께 약속하고 실천한 내용들을 우리반뿐만 아니라 어린이집의 다른 선생님들과 동생반 가족들과도 공유하여 다 함께 지구를 지키고 싶다는 유아들의 의견을 반영하여 캠페인 영상을 함께 만들었다. 이를 어린이집 현관 및 알림장에 공유하여 지구 지킴이 활동을 어린이집 전체에 홍보함으로써 환경에 대한 인식이 단기적으로 이루어지지 않도록 지원하는 데 도움이 되었다.

"환경 실천 태도 기르기 및 환경 관련 부모안내문"

지구 지킴이 활동을 마무리하면서 부모님들도 활동에 대한 후기와 소감을 공유해 주시는 모습을 볼 수 있었다. 지속적으로 알림장을 통해 가정에서 아이들과 가족들이 지구 지킴이 활동을 실천하고 관심을 유지, 지속하는 모습들을 사진으로 담아 보내주셨다. 유아들은 지속적으로 자신이 지구를 지키고 있음에 성취감을 느꼈으며 스스로 지속적인 실천 태도를 가지는 모습을 볼 수 있었다. 가정안내문을 통해 환경에 대한 이야기를 제공하여 유아들의 환경에 대한 인식을 이해하고 환경문제를 받아들이는 계기가 되었다.

3 그린챌린지를 통해 변화된 모습

● 우리반의 변화

이 프로그램을 통해 유아들이 환경 실천 습관이 형성되었으며 환경에 대한 책임 의식을 가져보았다. 이전에는 일과 중 환경보호에 대한 태도와 가치관이 형성되어 있지 않았으나 프로그램으로 인해 일과 중 교실에서 이동할 때 전등과 에어컨이 꺼져 있는지 확인하고, 재료 사용 시 남은 부분을 다른 놀이에 활용하고, 재활용품을 모아 사용하며 지속적으로 환경보호를 실천하는 모습을 볼 수 있었다.

● 교직원의 변화

환경보호 관련 프로그램을 진행하며 인식이 가장 많이 변화된 사람은 이 프로그램을 진행한 교직원들이라고 생각한다. 유아들이 환경문제를 인식하게 된 후 유아들의 발달 수준에 맞는 환경교육을 지원하기 위해 환경에 대해 다양한 방법으로 조사하고 알아가며 환경에 대한 인식 변화 및 실천적 태도를 가질 수 있었다. 또한 프로그램을 진행하면서 환경보호에 대한 실천 계기를 얻을 수 있었다. 교실 속 약속을 교사도 인지하며 교구 제작 시 재료를 낭비하고 있지는 않은지 지속적으로 점검하게 되었으며 보육환경 속 환경오염을 일으킬 수 있는 것들을 최대한 자제하고 놀잇감을 재활용품으로 활용하여 사용하게 되었다.

● 부모의 변화

유아들이 이 프로그램을 진행하며 환경에 대한 이야기(분리수거 시, 일상 생활 시, 오늘 알아본 환경내용 등)를 가정에서도 하는 빈도수가 늘어나며 부모들도 환경문제에 대해 인식할 수 있었으며 환경보호 실천에 대한 동기부여가 되었다.

2023
우수상
마포구육아종합지원센터

국공립

크니크니어린이집

원장 **안은아** | 교사 **임석순·조혜인**

우수사례 명

봉선화로 물들인 것은 지구를 사랑하는 우리의 마음이야

진행 기간 | 2023년 4월 26일~8월 22일

관심의 시작

우리 어린이집에서는 2022년도에 1년에 4회기로 열린 어린이집 주제를 〈지구를 지켜라!〉로 계획하였다. 3회기에 '줍깅'을 실시한 후, 영유아들은 지속적으로 산책 시 바닥에 떨어져 있는 쓰레기를 줍는 것에 관심을 보이며 토양오염에 대한 관심으로 이어졌다.

이에 따라 교직원 회의를 거쳐 2023년의 열린 어린이집 활동도 〈1회기 : 채식하기〉, 〈2회기 : 쓰레기 줄이기〉, 〈3회기 : 줍깅〉, 〈4회기 : 재사용하기〉로 구성된 "지구를 지켜라!" 활동으로 계획하여 영유아의 흥미가 지속될 수 있도록 지원하였다.

2023학년도 가족참여활동 연간계획안

열린어린이집 프로그램 명 : 우리가족은 지구를 지켜요Ⅱ

분기	월	내용	분기	월	내용
1분기	4월	· 크니크니어린이집 텃밭가꾸기 · 대상 : 영유아 전체 · 일시 : 4월 26일(수) · 진행시간 : 10:30~12:00 <1회기>열린어린이집 재식하기&급식참관 ◎영아반 – 감자로 놀아요 ◎유아반 - 감자샐러드 · 대상 : 선착순으로 반별 신청자 가족 2명 · 진행시간 : 10:30~12:00 · 진행방법 : 영아반-탐색활동 / 유아반-요리활동	3분기	11월	<3회기>열린어린이집 줍깅&급식참관 ◎영아반 – 어린이집 주변 쓰레기 줍기 ◎유아반 – 숲활동 후 쓰레기 줍기 · 대상 : 선착순으로 반별 신청자 가족 2명 · 진행시간 : 10:30~12:00 · 진행방법 : 영아반-기본생활습관 / 유아반-기본생활습관
2분기	6월 8월	· 어린이집 간의 연계 및 협력 운영① · 대상 : 나라반 '마포동이 모여라' 행사 연합 참여 · 일시 : 6월 2일(금) · 진행시간 : 10:30~12:00 <2회기>열린어린이집 쓰레기줄이기&급식참관 ◎영아반 – 걸레로 청소하기 ◎유아반 - 걸레만들기 · 대상 : 선착순으로 반별 신청자 가족 2명 · 진행시간 : 10:30~12:00 · 진행방법 : 영아반-기본생활습관 / 유아반-미술활동	4분기	12월	<4회기>열린어린이집 재사용하기&급식참관 ◎영아반 – 형님들의 놀잇감으로 놀이하기 ◎유아반 – 잠자는 장난감 재사용하기 · 대상 : 선착순으로 반별 신청자 가족 2명 · 진행시간 : 10:30~12:00 · 진행방법 : 영아반-탐색활동 / 유아반-언어활동

1 사전 준비 내용

● 교사의 고민

유아들이 자라나는 봉선화에도 지속적으로 관심을 보이고, 재사용하기 활동을 계획하며 '어떻게 두 활동을 연계할 수 있을까?'를 고민하게 되었다.

● 교육적 지원

[자료] 자연을 사랑하는 마음, 식물을 기르는 태도 등을 증진시킬 수 있도록 어린이집 앞 텃밭을 마련하여 유아들의 흥미를 따라 매주 월요일과 금요일마다 식물을 탐색하고 관찰할 수 있는 시간을 마련하고 직접 봉선화 잎을 따서 만져보고 으깨보는 경험을 할 수 있도록 하였다.

재사용한 물건(페플라스틱으로 만든 키링, 현수막으로 만든 가방 등) 사진 자료를 제시하여 유아들이 '재사용'에 대해 인식하고 알 수 있도록 하였다.

[관찰 및 상호작용] 함께 바깥놀이를 갈 때마다 유아들이 식물에 물을 주며 기를 수 있도록 하였고, 가정에서 기르고 있는 식물의 성장과정을 공유받아 아이들에게 사진으로 제시하며 함께 이야기를 나누어 보았다.

'재사용'에 대해 이야기를 나누며 우리 원에서 실천할 수 있는 방법에 대해 이야기를 나누어 보고 봉선화로 손톱뿐만 아니라 천을 물들여 보고 싶다는 유아의 의견에 따라 활동을 계획하였다.

● 물리적 지원

[공간] 어린이집 앞에 텃밭을 만들어 등·하원, 바깥놀이 시에 언제든 유아들이 봉선화를 관찰할 수 있도록 하였다.

[시간] 매일 바깥놀이를 통해 봉선화의 성장과정을 관찰해 보고, 매주 월요일과 금요일마다 텃밭에 직접 물을 주는 시간을 가졌다. 자주 가는 놀이터에도 봉선화가 있어 함께 관찰해 보고, 봉선화가 잘 자란 후에는 잎을 따서 으깨 손톱에 물들여 보는 시간을 가져보기도 하였다. 이를 통해 천에 물들이는 창의적인 방법을 유아들이 제안하여 그린챌린지로 이어질 수 있었다.

[가정과의 연계] 가정에도 봉선화 키트를 배부하여 아이들과 함께 식물을 키워볼 수 있도록 제공하고, 알림장을 통해 매주 성장과정을 피드백 받았다.

발도르프 유아교육을 실천하고 있는 우리 원에서는 자연스러운 변화에 따라 놀이 속에서 유아들이 즐거움과 배움을 얻을 수 있도록 지원하고 있다. 봄에는 자라나는 새싹을 만나고, 여름에는 풍성한 식물을 만날 수 있도록 매년 식목일마다 '모종키트'를 가정에 배부하고, 텃밭에 모종을 심어 기르는 활동을 한다. 올해는 청상추와 적상추, 케일, 방울토마토를 심어보았다.

텃밭에 모종을 심어요

가정에는 봉선화 씨앗 키트를 배부하였다. 각 반에서도 봉선화 씨앗을 심어 키웠는데, 크기가 커진 봉선화를 텃밭으로 옮겨 심어 매일 각 반이 돌아가며 물을 주었다. 영유아의 사랑과 따뜻한 마음을 듬뿍 받은 봉선화는 쑥쑥 자랐다.

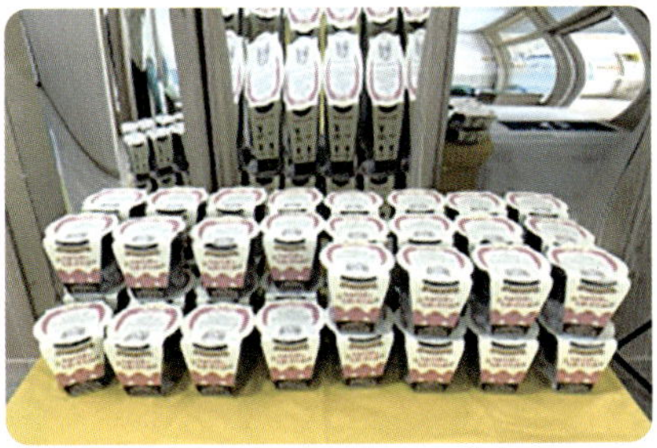

가정 및 각 반 봉선화 씨앗을 배부했어요

이러한 활동을 통해 영유아는 자연 세계에 관심을 가지고, 토양오염을 예방할 수 있는 식물 기르기에 자연스럽게 관심을 가지게 되었다. 산책 시에도 매일 봉선화가 얼마나 자랐는지 탐색해 보았고, 가정 연계를 통해 가정에서 자란 봉선화의 사진을 보며 함께 이야기를 나누어 보기도 하였다.

봉선화 씨앗을 가정에서도 심어보았어요

더불어 만 3~5세는 매달 둘째 주 금요일에 '숲 활동'을 진행하고 있다. 유아들은 숲 활동을 통해 자연을 경험하고 주변 세계에 관심을 가진다. 이러한 활동을 통해 생태감수성이 증진되고, 동식물에 더욱 관심을 가지는 경험이 되었다.

생태감수성 증진을 위한 유아반 숲 활동을 진행해요

2 그린챌린지 이야기

● '봉선화로 물들인 것은 지구를 사랑하는 우리의 마음이야' 진행 단계

1단계	2단계	3단계	4단계
토양오염에 관심 가지기	식물과 친해지기	식물과 재사용활동 연계하기	집에서도 걸레로 청소해요
"건강한 봉선화를 키우기 위해서는 어떤 것이 필요할까?"	"봉선화로 어떤 놀이를 할 수 있을까?"	"봉선화로 걸레를 물들여 볼까?"	"집에서도 걸레를 활용해서 청소해 볼까?"
▸ 건강한 흙과 땅이 있어야 식물이 튼튼하게 자랄 수 있음을 인식한다.	▸ 손톱에 물들이기, 손걸레 염색하기 등 활용할 수 있는 다양한 방법을 유아들이 직접 생각해 보고 제안하였다.	▸ 유아들과 논의하여 손걸레를 봉선화로 물들여 꾸며보기로 활동을 계획하고, 물티슈를 사용하지 않고 손걸레로 대청소를 해 보았다.	▸ 어린이집에서 일회성 활동으로 끝나는 것이 아니라, 가정에서도 함께 손걸레로 청소를 해보았다.

2회기 열린 어린이집의 주제는 〈쓰레기 줄이기〉 활동으로 영아반은 걸레로 청소하기, 유아반은 알뜰살뜰 걸레 만들기 활동이 계획되어 있었다.

교사들은 걸레 꾸미기를 어떤 방법으로 진행할지 고민하였다.

이 시기에 영유아들은 봉선화에 관심을 보이고 있었다. 각 반의 봉선화가 자라는 것을 매일 관찰하기를 즐기곤 했다.

2회기 열린어린이집 포스터

꽃이 피었을 때는 분홍색, 보라색 등의 봉선화를 탐색해 보며 자연의 아름다움을 느껴보았다. 봉선화와 잎을 직접 따서 절구에 찧은 후 손에 물들여 보기도 하며 식물을 키우는 것에서 그치지 않고 다양한 활동들을 연계해 보았다. 유아들은 더욱 관심을 가지며 집에 있는 봉선화는 어떻게 자라고 있는지, 얼마나 자랐는지 또래 간 상호작용도 활발하게 하는 모습을 보였다.

텃밭에 있는 봉선화가 쑥쑥 자랐어요

교사들은 영유아가 봉선화에 관심을 지속해서 보이고 있어 어떻게 놀이로 더 연계해 줄 수 있을지 고민이 되었다. '관찰하고, 손에 물들이는 것보다 더욱 확장될 수 있고 지속가능한 놀이가 무엇이 있을까?' 고민을 하였다. 그 답은 유아들에게서 찾을 수 있었다.

교사 : 우리 봉선화가 쑥쑥 자랐는데 어떻게 하면 봉선화로 더 놀이할 수 있을까?

유아 : 봉선화로 손톱 말고 천에도 물들여 봐요!

마침 2회기 열린 어린이집으로 계획해 두었던 〈알뜰살뜰 걸레 만들기〉 미술활동과 연계하기로 했다. 유아들과 함께 상의하여 집에서 헌 수건을 가져와 봉선화로 물들여 꾸며보기로 하였다.

집에 있는 봉선화가 쑥쑥 자랐어요

유아들은 각자 집에 있는 봉선화도 가져오겠다며 기대하는 모습을 보였다. 가족들에게 요청하여 가정에서 쑥쑥 자란 봉선화 사진을 찍어 친구들과 함께 보며 이야기를 나누는 시간을 가지기도 하였다. 유아들은 봉선화를 모두 모아 돗자리에 펼친 후 줄기에서 잎을 하나씩 떼어보며 촉감을 느껴보고, 향도 맡으며 자유롭게 식물을 탐색하는 시간을 가져보았다.

봉선화를 다듬어요

유아들이 헌 수건을 가져와 서로 보여주며 "이건 우리 집에서 수건으로 쓰던 건데, 어떻게 걸레를 만들지?"라며 걸레를 만드는 활동 자체에 호기심을 가지는 모습을 보였다. 교사는 유아들이 '재활용'에 대해 알아

쓰레기 줄이기 이야기 나누어요

볼 수 있는 시간이라고 여겨, 〈쓰레기 줄이기 - 리사이클링〉이라는 주제로 이야기 나누기도 하였다. 분리수거를 하는 방법과 사용의 목적을 다한 물건을 다시 새로운 사용 목적으로 만들어 내는 '업사이클링'의 개념도 함께 알아보았다. 재활용품으로 만든 악기, 현수막으로 만든 가방 등의 예시를 보며 유아들은 '수건이 걸레로 변할 수 있구나!'를 직접 알아볼 수 있었다.

봉선화로만 물들이는 것에 아쉬워하는 유아들이 있어 섬유 마카로 먼저 그림을 그린 후에 빈 공간을 봉선화로 물들여 보았다. 열린 어린이집 활동에 참여해 주신 가족, 선생님과 함께 봉선화 잎과 꽃을 골라 굵은 소금을 넣어 찧어보았다. 천연 재료로 물감을 만드는 것에 유아들은 더욱 관심을 보였고, 절구를 처음 사용해 보는 유아들도 있어 즐겁게 활동에 참여할 수 있었다.

가족, 선생님과 함께 봉선화 잎을 절구에 찧어요

절구로 열심히 염색할 봉선화를 찧는 동안, 다른 유아들은 섬유 마카로 내가 그리고 싶은 그림을 자유롭게 그려보았다. 밝은 햇님이 환하게 웃고 있는 그림, 하늘에 펼쳐진 아름다운 무지개 등 그림 속에서도 자연을 사랑하는 유아들의 마음을 느낄 수 있었다.

섬유 마카로 걸레에 그림을 그려요

'정성스럽게 그린 그림에 봉선화를 올려 염색을 한다니!' 유아들은 기대감이 가득한 얼굴로 건조대에 올려 나만의 걸레가 완성되기를 기다렸다. 염색물이 드는 것에 하루 정도가 걸려 충분한 시간을 가져야 완성한 작품을 볼 수 있다고 이야기해 주니, 얼른 내일이 왔으면 좋겠다고 이야기하며 활동을 마무리하였다.

내가 그린 그림을 감상해요

나만의 표식이 있는 걸레예요

영아반은 영아의 발달 특성을 고려하여 가정에서 나만의 걸레를 가져오면 교실을 청소해 보는 활동으로 계획하였다. 가정에서 영아들이 알아볼 수 있는 표식들(이니셜 자수 또는 그림 등)을 새겨서 보내주시면, 영아들이 자유롭게 탐색해 보는 시간을 가졌다.

발도르프 유아교육 현장에서는 유아들이 생활했던 공간, 놀이했던 놀잇감들을 소중하게 여기며 스스로 청결하게 닦아볼 수 있도록 유아들이 직접 참여하는 대청소를 매주 실시하고 있다. 열린 어린이집 활동에 참여해 주신 가족, 선생님과 함께 걸레로 내가 놀이하는 공간을 깨끗하게 닦아보았다.

영아반 대청소해요

사용한 걸레는 비누 거품을 내어 조물조물 고사리 손으로 직접 빨래도 해보았다. 만 1세는 김장 돗자리를 활용하고, 만 2세는 빨래판을 활용하여 빨래를 하니, 영아들이 나만의 걸레에 더욱 애착을 가지는 모습이었다. 직접 건조대에 널어보기도 하며 걸레는 한 번 사용하고 버리는 것이 아니라 재사용할 수 있는 물건임을 직접 경험해 보았다.

내 걸레를 직접 빨래해요

걸레로 놀이하니 재미있어요

유아반에서는 걸레 만들기 활동을 한 다음 날, 반으로 들어옴과 동시에 "내 걸레 잘 말랐나?"를 외치며 건조대로 향하는 모습들을 보였다. 봉선화를 조심스럽게 떼어낸 후 완성 작품을 본 유아들은 "내 걸레 멋있지?"라며 서로 이야기를 나누고, 친구의 걸레도 감상해 보는 시간을 가졌다. 걸레는 언제든지 사용할 수 있도록 놀잇감으로 제공하여, 유아들이 놀이할 때도 자유롭게 사용하도록 하였다.

활동을 통해 만든 손걸레는 매주 금요일 대청소 시에 사용할 것이라고 하니, 유아들이 더욱 기대하고 흥미를 가지는 모습이었다. 기존에는 물티슈를 사용하여 대청소를 해보았는데, 손걸레를 이용하여 지구를 더욱 지킬 수 있는 활동이 되었다. 유아들은 자신의 걸레를 찾아 물에 적신 후 물기를 꼭 짜내고, 내가 놀이했던 교실과 놀잇감들을 닦아주었다.

유아반 대청소해요

사용한 걸레는 비누를 사용하여 스스로 세탁하고, 건조대에 널어보았다. 이후로도 매주 대청소를 하며 지속적으로 나의 손걸레를 사용하고 있다.

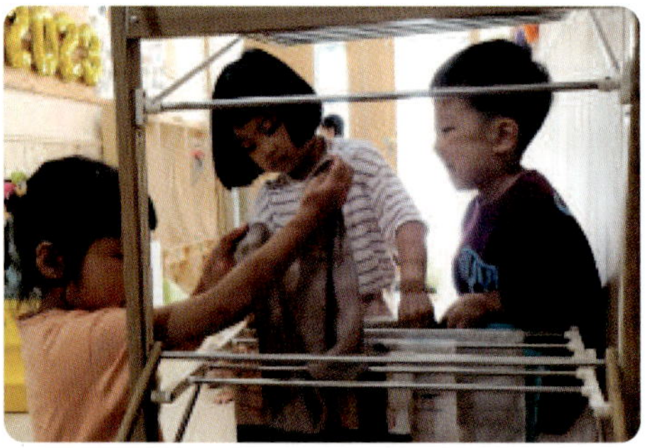

내 걸레를 직접 세탁하고 널어보아요

어린이집에서 대청소를 하는 것뿐만 아니라, 가정에서도 함께 걸레를 활용하여 청소를 해보며 가정과 연계한 활동도 해보았다. 영유아들이 직접 걸레를 사용하여 집에서 내가 자주 생활하는 곳들을 닦아보며 일회성 활동으로 그치는 것이 아니라, 지속적으로 영유아들이 관심을 가지고 놀이할 수 있는 활동이 되었다.

가정에서도 걸레로 청소해요

봄부터 이어진 그린챌린지는 나만의 걸레를 만드는 활동으로 연계되어, 식물을 키우고 보살펴 주는 활동부터 헌 수건을 업사이클링하여 손걸레를 만들어 보는 쓰레기를 줄이는 활동까지 이어졌다. 토양오염을 예방하기 위해 식물을 키우고, 업사이클링을 경험해 볼 수 있는 일석이조의 챌린지였다.

3 그린챌린지를 통해 변화된 모습

● 우리반의 변화

이번 그린챌린지를 통하여 영유아는 대청소 시에 편하게 사용했던 물티슈가 아닌, 나만의 걸레를 갖게 되었다. 어린이집에서 나만의 물건을 가지게 된 것에 더욱 기뻐하는 모습을 보이고 지구까지 지킬 수 있는 시간이 되었다. 뿐만 아니라, 일상생활 속에서 발생하는 재활용품을 놀잇감으로 가져와 플라스틱 뚜껑, 테이크아웃 커피잔 등을 영유아가 놀이 시 자유롭게 사용하게 되었다. 가정에서도 생활 속에서 배출되는 재활용품은 깨끗하게 세척하여 원으로 보내주시고, 영유아는 이를 활용하여 다양한 놀이를 한다. 재활용품은 아이들에게 더 이상 낯선 것이 아니라, 일상생활 속에 자연스럽게 스며든 나의 놀잇감이 되었다.

재활용품으로 놀이해요

또한 영유아는 지구를 지키기 위해서 반찬을 남기지 않는 빈 그릇 챌린지에도 도전하고 있다. 배식할 때 내가 먹고 싶은 만큼 자율 배식하고, 잔반이 나오지 않도록 하는 것이다. 이 챌린지를 통해 유아들은 스스로 배식한다는 성취감과 함께 잔반 없이 식판에 담겨 있는 음식을 모두 먹었다는 뿌듯함도 함께 느낄 수 있었다.

잔반 없이 깨끗한 식판이에요

● 교직원의 변화

교사들도 환경보호 실천을 위해 교직원 회의를 통해 그린챌린지를 평가하고 지속가능한 실천방법에 대해 다양한 의견을 제시하였다. 이번 그린챌린지를 통해 물티슈 대신 걸레를 사용하여 대청소하기를 실천해 보았던 것에 만족감이 높았다. 다음으로 실천해 볼 방법으로는 '페이퍼타올' 줄이기를 결심하였다. 유아들이 손을 씻은 후 페이퍼타올을 사용하지 않고, 개인 수건을 사용하여 물기를 닦을 수 있도록 하고 매일 세척하여 깨끗이 사용할 수 있도록 하는 것이다. 다회용품으로 대체 가능한 일회용품들, 우리 생활 속에 밀접하게 관련되어 있는 물건들부터 천천히 조금씩 바꾸어 나가기로 하였다.

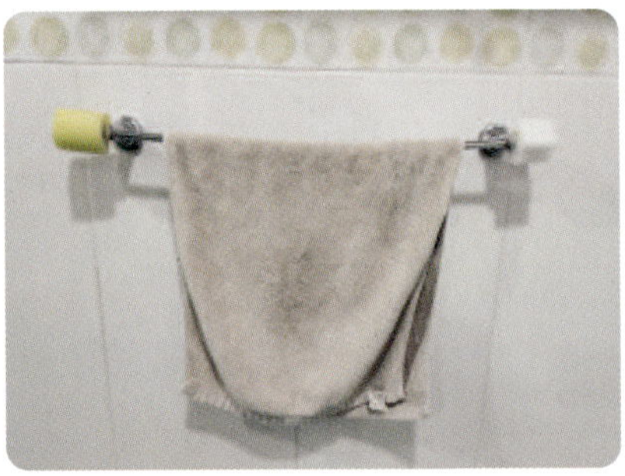
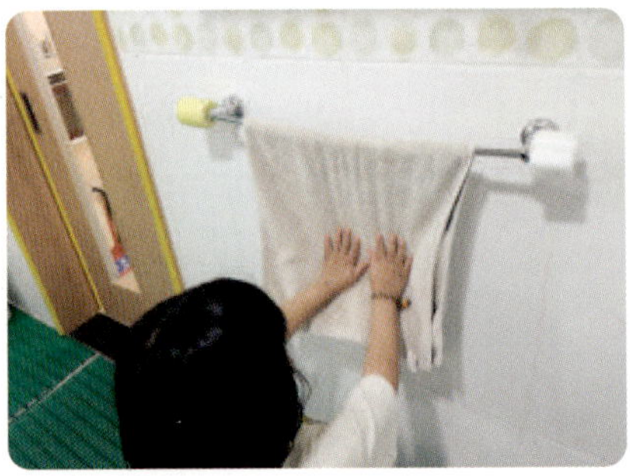

화장실에서 수건을 사용해요

뿐만 아니라, 바깥놀이에서 종이컵 사용을 지양하기 위해 유아들이 물통을 들고 와 바깥놀이 할 때도 들고 갈 수 있는 방법을 고민해 보았다. 지난 6월 마포둥이 행사에 참여하여 받았던 에코백을 활용해 보기로 하였다. 수공예 시간에 유아들이 직접 고른 나뭇잎에 물감을 바른 후 나만의 에코백을 만들어 보았다. 유아들은 나뭇잎으로 꾸미며 생태감수성이 더욱 증진되고, 나뭇잎도 미술도구로 활용할 수 있다는 것까지 깨닫는 시간이 되었다. 기존에는 먼 산책 또는 숲 활동 시에 교사가 큰 물병과 종이컵을 챙겼었는데, 에코백에 유아들이 물통을 넣어 다니며 일회용품 줄이기 챌린지를 이어서 하고 있다.

나만의 에코백과 함께 산책해요

● 부모의 변화

가정에서도 아이들과 함께 손걸레로 청소를 해보며 일회용품 줄이기, 재사용하기에 대한 인식이 제고되었다. 반찬통을 사용할 때도 플라스틱보다는 유리를 사용하는 모습을 보이기도 하고, 아이들이 잘 놀이하지 않는 놀잇감들은 원으로 보내서 함께 놀이를 하기도 한다. 또한 이제는 읽지 않는 책들도 원으로 보내주셔서 함께 읽어보는 등 다양한 방법으로 '재사용하기'를 실천하고 있다.
앞으로 진행될 3회기 열린 어린이집 〈줍깅〉, 4회기 열린 어린이집 〈재사용하기〉 활동을 통해 영유아가 지구를 지키는 방법에 대해 스스로 고민해 보고 실천할 수 있도록 지원할 예정이다. 특히 4회기 열린 어린이집의 경우, 유아반 형님들이 놀이했었지만 더 이상 사용하지 않는 놀잇감을 영아반 동생들에게 나누어 주는 행사를 계획 중이다. 크리스마스에 진행되며 물건 재사용하기 및 나눔의 기쁨을 아는 활동이기도 하다. 가정과 연계하여 환경을 보호할 수 있는 다양한 활동들을 지속적으로 진행할 예정이다.

이번 그린챌린지를 통해 봉선화로 물들인 것은 비단 나만의 걸레뿐만 아니라, 지구를 사랑하는 마음일 것이다. 토양오염을 예방하기 위한 모종심기, 재활용하기 등의 그린챌린지를 통해 영유아들의 마음속에 지구를 사랑하는 마음이 봄의 씨앗처럼 심어졌다. 앞으로 펼쳐질 챌린지들이 여름의 햇살과 가을의 바람처럼 쑥쑥 성장하는 양분이 되어 환경보호를 실천하는 마음이 풍성한 나무와 같이 자리 잡길 바란다.

마포구 어린이집 그린챌린지(ESG)

2023 우수사례집

3

장려상

민 간 ······· 동심어린이집

직 장 ······· 서울서부지방법원어린이집

국공립 ······· 예랑어린이집

국공립 ······· 홍익어린이집

직 장 ······· SKY어린이집

2023 장려상
마포구육아종합지원센터

민간

동심어린이집

원장 **이민지** | 교사 **이예지**

우수사례 명 **나는 에너지 지킴이!** 진행 기간 | 2023년 8월 7일~9월 13일

관심의 시작 교실 언어영역에 그린챌린지 웹진 PDF 파일을 인쇄하여 비치해 두자 유아들이 하나둘 관심을 보였다. 특히 환경기념일에 관심을 보여 '우리반에서도 해 봐요' 하고 제안하던 친구들에게 8월의 기념일인 '대한민국 에너지의 날'에 우리가 할 수 있는 일을 실천해 보기로 하였다.

1 사전 준비 내용

● 교사의 고민

환경기념일에 관심을 보이던 유아들이 '우리반에서도 해 봐요'라고 제안하였다. 유아들이 환경기념일을 단순 이벤트성 활동이라고 여기지 않으려면 어떻게 지원하면 좋을지와 더불어 '대한민국 에너지의 날'에 우리가 실천할 수 있는 것들에 대하여 지속적인 관심이 이어지려면 어떻게 할 수 있을지 고민하였다.

● 교육적 지원

[자료] 교실에 그린챌린지 웹진 PDF 인쇄파일을 비치해 둔다. 또한 관련 동화책으로 『전기가 사라졌어』를 선정하여 비치해 두었다. 유아들이 관심 있고 궁금해할 것으로 예상되는 것들(전기가 쓰이는 것들, 전기가 쓰이는 곳들, 에너지마크, 전기가 만들어지는 과정)에 대해 교사가 사전조사를 해두고, PPT, 영상자료 등을 준비하였다.

[관찰 및 상호작용] 놀이의 흐름을 따라가며 에너지의 날에 대해 이야기하고, 어떻게 실천할 수 있을지 논의해 보았다. 유아들의 의견을 반영하여 소등행사에 직접 참여해 보고, 동생반에 소등행사를 소개해 주기도 하였다. 유아들의 놀이가 더 이상 확장되지 않을 즈음 '에너지는 왜 낭비되는 걸까?' 하는 문제제기를 통해 유아들의 사고를 확장할 수 있도록 상호작용하였다.

• 물리적 지원

[공간] 어린이집의 전체 공간을 자유롭게 이용하여 유아들이 직접 만든 에너지 절약 스티커를 에너지 절약이 필요한 곳에 붙여본다.

[시간] 에너지의 날에 소등행사하는 정도로 그치지 않고 어린이집 내 어디에서 에너지가 낭비되고 있는지 꼼꼼하게 체크하며 "선생님~ 왜 불 안 껐어요?" 하고 이야기하는 등 지속적으로 실천해 나가는 모습을 보인다.

[가정과의 연계] 가정에서 '우리집 1등 전기절약 제품 찾기' 미션을 수행하면서 에너지 소비효율등급에 대해 알게 된 친구들의 에너지 절약 실천사례를 피드백 받는다.

2 그린챌린지 이야기

• '나는 에너지 지킴이!' 진행 단계

1단계	2단계	3단계
놀이의 시작	놀이의 과정	가정연계활동
• 그린챌린지 웹진 PDF 인쇄파일을 살펴봐요. • 환경기념일이 있대요.	• 에너지의 날에 대해 알아보아요. • 동생들에게도 알려주고 함께 실천해요. • 우리반 1등 전기절약 제품은? • 에너지는 왜 낭비되는걸까?	• 우리집 1등 전기절약 제품은? • 함께해요 나는 에너지 지킴이!

교실에 그린챌린지 웹진 PDF 인쇄파일을 책자처럼 비치해 두자 관심을 보이던 친구들!

"이건 뭐예요?"

"아 이거는 기념일이래. 어린이날, 현충일처럼 환경기념일이라는 것도 있나봐" 선생님이 이야기하자 모두 모여서 환경기념일을 살펴보았다.

"이건 이미 지났네" "어! 8월에도 기념일이 있어요!" "에너지의 날이라고 써있어!"

"우리도 이거 해 봐요 선생님!" 친구들의 목소리가 점점 커진다. *"그래! 좋아!"*

https://youtu.be/UwPcA6FHDmU?si=g-i5-kU9iDBhpHBS
전라북도교육청 유아교육진흥원에서 제작한 '에너지의 날' 관련 영상을 시청하고, 에너지의 날이 왜 생긴 것인지, 우리는 어떤 것들을 실천할 수 있을지 이야기를 나누었다.

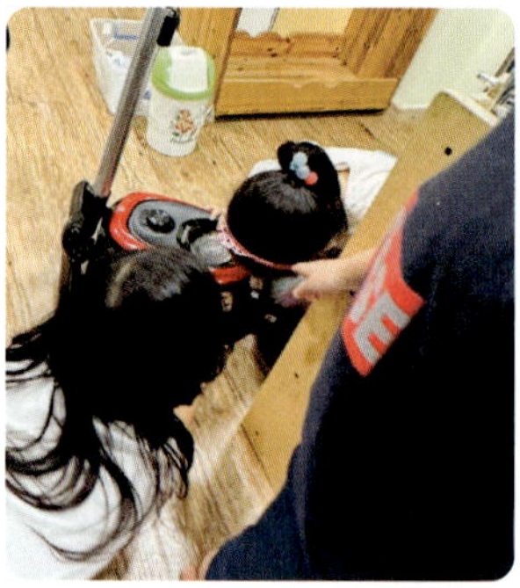

바로 실천해 보는 우리 친구들. 우리반 어디에서 에너지 소비효율등급을 찾을 수 있는지 알아본다.
"여깄다!" "잉? 이건 3등급이라고 써있는데? 선생님! 우리 이거 1등급 아닌데요!?" 하며 부지런히 찾아 이야기해 주었다.

동생반에도 가서 이야기해 주었다.
"얘들아, 오늘 에너지 절약의 날이래!"
"2시부터 3시까지 오늘은 에어컨을 끄고 지내보자."
"그리고 오늘 9시에는 집에서도 불 잠깐 끄고 지내야 해, 알겠지?"

다음 날 *"어제 집에서 9시에 미션 했었니?"* 물었더니 참여한 유아도, 참여하지 못한 유아도 있었다. *"언니 숙제해야 해서 불을 끌 수 없었어요", "저는 9시 되기 전에 자서 불 끄는 거 못 했어요"* 하는 지혜반 친구들에게 *"그럼 지금 해볼까?"*
식사 시간에 잠시 불을 끄고 식사하기로 한다. 깜깜해서 잘 안 보이긴 한다면서도 전기를 절약하고 마치 레스토랑 같아 너무 좋다던 에너지 지킴이 지혜반!

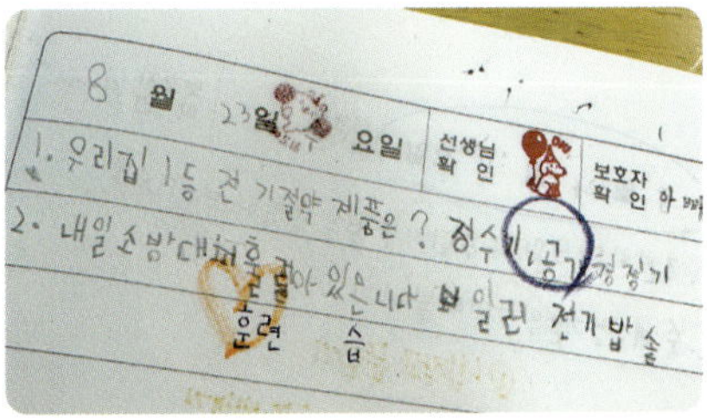

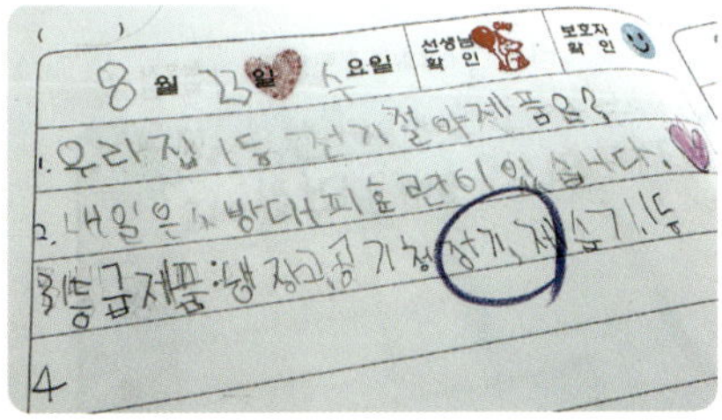

교실에서 에너지 소비효율등급 찾기를 너무나 재미있어하는 친구들 모습에 가정연계활동으로 '우리집 1등 전기절약 제품 찾아보기' 활동을 했다.

자유놀이 모습도 다채로워졌다.
빅 블록을 높이 쌓고는 *"이곳은 에너지 송전탑이야."*

우리반만의 독특한 놀이도 생겼다.
이즈음 전쟁놀이가 한창이었는데, 몰펀을 길게 총처럼 만들더니 '에너지 총'이라는 이름을 지어준다.
친구들은 에너지 전사가 되어 에너지가 부족한 곳에 에너지 총을 발사!~~ 하는 놀이를 즐기기도 하였다.

"야! 나한테 에너지 전달해 줘" 에너지 총끼리 에너지 전달도 가능하다고 하는 친구들! 대단한 상상력을 지닌 지혜반 친구들이었다.

"모두들 에너지 절약이 중요하다는 건 알고 있을 텐데, 왜 이렇게 에너지가 낭비되는걸까?"
"그거 까먹어서 그런 거예요. 우리 아빠 맨날 화장실 갔다가 깜빡하고 불 안 끄고 나와요."
"맞아요, 선생님도 저번에 우리 바깥놀이터 갈 때 에어컨 안 끄고 나갔잖아요."
에너지 절약의 중요성은 모두들 인식하지만 실천이 쉽지 않음에 대해 이야기 나누었다. 단번에 실천이 어려운 이유를 이야기하는 우리반 친구들과 어린이집에서도 에너지 절약을 실천할 수 있는 방법을 논의해 보았다.

한 친구가 자유놀이 시간 책상 앞에 앉아 하얀 도화지에 삐뚤빼뚤한 글자로 '불을 꺼요' 하고 적어 화장실 스위치 옆에 붙이는 모습을 발견했다.

"와, 이거 좋은 생각이다. 우리반에서만 하기 아까운데?" 하는 선생님의 말에 *"그럼 우리가 어린이집에도, 집에도 다~ 해봐요! 엄마, 아빠랑 다른 선생님들도 지킬 수 있잖아요!"*

https://chamssaem.com/1710

이왕이면 예쁜 틀이 있으면 좋을 것 같아 참쌤스쿨 블로그의 전기절약 스티커 만들기 활동지를 활용하여 우리도 에너지 절약 스티커를 만들어 보았다.

어린이집 곳곳을 다니며 에너지 절약이 필요한 곳에 스티커를 붙여주고, *"선생님! 이거 전기 안 쓸 때는 꼭 꺼야 해요"* 하고 신신당부하는 친구들.

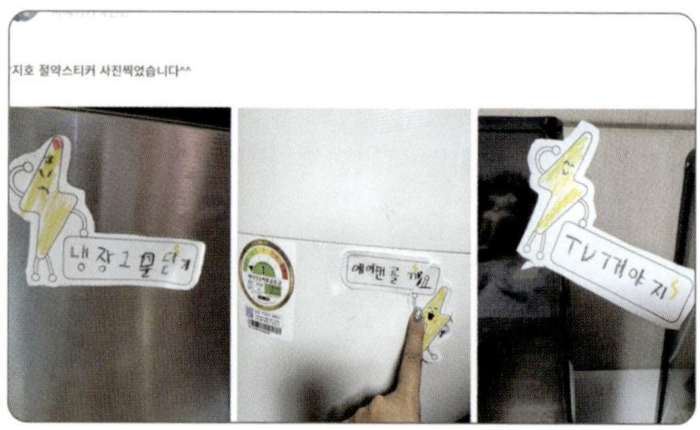

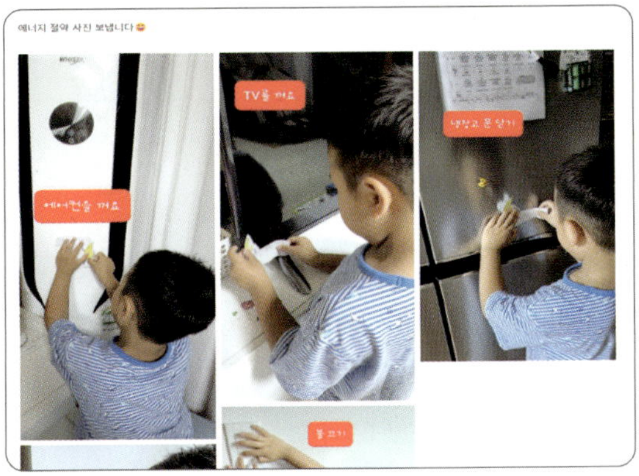

가정에도 에너지스티커를 보내어 에너지 절약을 실천할 수 있도록 안내했다. 또한 가정에서 에너지 절약을 실천한 사례에 관하여 학부모님들께 협조를 요청하였고, 이렇게 알림장을 통해 온 사례들은 친구들 앞에 나와 발표하기도 하였다.

약 한 달간 이어진 에너지 절약 캠페인을 마무리하며 에너지 절약상을 수여하는 시간도 가져보았다.

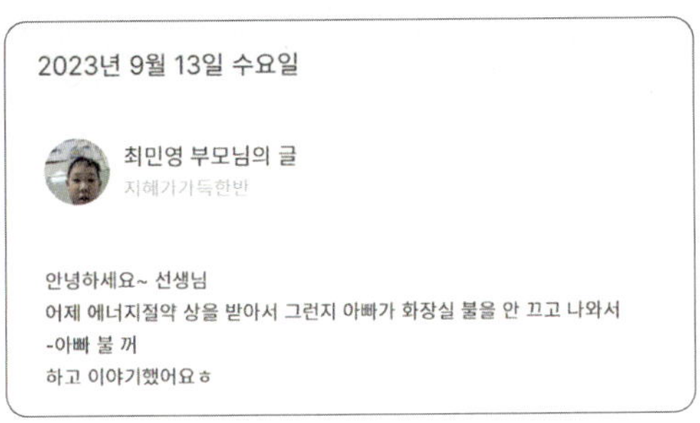
2023년 9월 13일 수요일

최민영 부모님의 글
지혜가가득한반

안녕하세요~ 선생님
어제 에너지절약 상을 받아서 그런지 아빠가 화장실 불을 안 끄고 나와서
-아빠 불 꺼
하고 이야기했어요ㅎ

에너지 절약상을 받으며 공식적인(?) 활동은 마무리되었지만 여전히 에너지 지킴이로 활동 중인 친구들이다.

3 그린챌린지를 통해 변화된 모습

● 우리반의 변화

우리반 친구들은 에너지 절약에 많은 관심이 생겼고 적극적으로 에너지 절약을 실천하고 있다. 특히 등·하원하면서 1층 에어컨이 켜져 있는지, 사용하지 않는 교실의 불이 켜져 있지는 않은지 체크하면서 "선생님, 여기는 왜 에어컨을 계속 켜고 있는 거죠?", "여기 아무도 없는데 왜 불이 켜져 있는 거야?" 하면서 예리한 눈빛으로 주변을 살피고 불을 끄거나 에어컨을 끄는 등 에너지 절약 실천에 적극적인 모습이었다.

이번 활동을 통해 환경기념일에 관심이 증폭된 우리반에서는 9월 6일 자원순환의 날, 특별히 교사가 언급하지 않아도 "선생님 미술영역에 이면지 채워주세요" 이야기하고, 미술영역 교구장 한켠에 모은 재활용품을 보며 "이걸 다시 사용하는 방법은 없을까?" 하고 솔선수범해 이야기하는 모습을 보였다.

● 교직원의 변화

각 반 선생님들도 교실에서 의식적으로 에어컨을 꼭 필요시에만 켠다거나, 4시 이후 개인업무 시간에는 한 교실에 모여서 업무를 보며 불필요한 에너지 소모를 줄이게 된다고 이야기하셨다. 기념일 활동은 자칫 일회성 활동에 그칠 수 있어 항상 고민이 많은데 유아들과 함께 이 기념일이 생기게 된 배경과 우리가 실천할 수 있는 것들, 문제상황에 대해 토의하며 유아들에게 힘을 실어주니 놀이가 살아나게 되었다.

● 부모의 변화

실천이 가장 중요한 부분이기 때문에 교실에서 하는 것만으로 끝내면 안 될 것 같다는 생각은 교사뿐 아니라 우리반 유아들도 했던 것 같다. 가정연계활동을 중간중간 함께 이어가니 가정에서도 유아들이 에너지 절약을 열심히 실천하고 있다고 하며, 여전히 에너지 지킴이로 활동 중인 우리 아이들 덕분에 가정에서도 에너지 절약 실천에 동기부여가 되었다고 하였다.

2023 장려상 마포구육아종합지원센터

직장

서울서부지방법원어린이집

원장 **김영미** | 교사 **정예슬**

우수사례 명

물은 왜 아껴 써야 해요?

진행 기간 | 2023년 4월 4일~7월 21일

관심의 시작

어린이집에서 손을 씻을 때 물을 틀어놓고 비누칠을 하거나 화장실에서 물로 친구들과 놀이하는 모습이 관찰되곤 하였다. 그럴 때마다 물은 필요할 때만 사용하고 비누칠할 때는 물을 잠그고 사용할 수 있도록 안내하였다. 그러자 유아가 "물은 왜 아껴 써야 해요?"라고 질문하였고, 그 질문에서부터 '물'을 주제로 한 그린챌린지 활동을 시작하게 되었다.

1 사전 준비 내용

• 교사의 고민

'물은 왜 아껴 써야 해요?'라는 유아의 질문에서 시작하게 된 그린챌린지를 진행하기 앞서 2가지를 고민해 보았다.

1. 단순히 물이 부족하기 때문에 물을 절약해야 한다가 아닌, 어떻게 환경감수성을 키워주며 놀이를 지원해 줄 수 있을까?
2. 일회성으로 끝나는 것이 아닌 지속가능한 습관을 형성해 주기 위해 어떻게 지원해 주어야 할까?

→ '물은 왜 아껴 써야 해요?' 그린챌린지는 이 2가지 사항을 고려하여 진행하게 되었다.

• 교육적 지원

[자료]

- '물 좀 주세요' 그림책(일상 생활에서 물을 사용하는 모습이 있는 그림책으로 선정)
- 유아들이 물을 접할 수 있는 장소, 물을 사용하는 모습의 사진들

(브레인스토밍 진행 시 사용 - 교사가 준비하지 못한 내용의 경우 글로 적은 후 추후 글과 함께 관련된 사진으로 대체)

- 물이 부족하여 힘들어하는 사람들의 영상
- 영상과 연계하여 물이 부족해 도움을 요청하는 가상의 인물(코코)의 편지
- 그린챌린지 활동과 연계하여 확장된 놀이에 따른 지원(물을 받아 쓸 수 있는 트레이, 우비, 빗물 통 등)

[관찰 및 상호작용]

- 물에 대해 관심을 가져본 후, 물의 부족함에 대해 알아보기 위해 깨끗하지 않은 물을 마시는 다른 나라의 사람들 영상을 함께 시청해 보았다. 영상 시청 후 관련 이야기를 나누어 보자 영상의 내용은 이해하였지만, 물을 절약할 수 있는 다양한 방법에 대해 이야기 나누는 것은 어려움이 있었다. 그래서 '코코'라는 가상인물을 등장시켜 맑은샘반 친구들에게 도움을 요청하는 편지(물을 절약할 수 있는 방법도 함께 편지 속에 안내되어 있다)를 유아들에게 개별적으로 보내 보았다. 그리고 편지 내용을 바탕으로 물을 절약할 수 있는 방법에 대해 관심을 가지며 실천해 볼 수 있도록 지원하였다.
- 물의 소중함을 알고 놀이 속에서 물을 절약할 수 있는 방법을 유아들 스스로 제안해 보는 모습이 관찰되었다. 유아들의 제안을 바탕으로 어떤 방법으로 물을 절약할 수 있을지 함께 이야기 나누어 보고, 맑은샘반 친구들이 생각한 물 절약 방법을 실천해 볼 수 있도록 지원하였다.

● 물리적 지원

[공간]

- 그린챌린지 초반에는 물을 자주 접할 수 있는 장소(예 화장실)에 코코의 편지와 물을 절약할 수 있는 방법을 게시하여 스스로 절약을 실천해 볼 수 있도록 지원하였다. 그리고 그린챌린지가 지속적으로 진행됨에 따라, 유아들 스스로 놀이 속에서 물을 절약하는 방법을 제안할 때는 공간의 제한 없이 물 절약이 필요하다고 생각되는 모든 장소에서 그린챌린지를 진행하였다.

[시간]

- 4월 초부터 지금까지 코코(물이 부족해 도움을 요청한 가상의 인물)의 안부를 물으며 일과 속에서 유아들 스스로 물을 필요한 만큼만 사용하였다. 더불어 가족들과 어린이집 동생들에게도 지속적으로 물을 아껴 쓰는 방법에 대해 안내하며 맑은샘반 친구들뿐만 아니라 모두가 함께 물을 절약할 수 있도록 노력하였다.

[가정과의 연계]

- 유아들과 함께 참여한 그린챌린지의 내용을 카드뉴스 형식으로 정리하여 가정과 공유하고 함께 실천해 볼 수 있도록 안내하였다. 그리고 가정에서 실천해 본 경험들을 키즈노트 사진으로 공유받아 친구들에게 소개해 보며 원뿐만 아니라 가정에서도 지속적으로 실천해 볼 수 있도록 지원하였다.

● 물의 역할

- 지구의 물은 전 세계를 이동하면서 자연계에 필요한 물질을 배달하거나 폐기물을 끊임없이 실어 나르는 운송수단의 역할을 수행하였다.

● 물을 절약해야 하는 이유

- 인류의 기술발전은 오염물질의 양을 폭발적으로 증가시키는 결과를 초래하였고 물과 함께 운송되는 양도 함께 증가하였다. 결과적으로 지구상의 물 문제는 단순한 수량과 수질의 문제를 넘어 이를 활용하는 생태계 및 인류의 활동과 복잡하게 연관되어 있다.
  [참고 : 한국물포럼 – 물분야 국제 협력을 위한 분야별 주요 의제]
- 우리나라는 상수도 시설이 잘 되어있는 편이기 때문에 평상시 물 사용에 큰 불편을 겪지 않고 있지만 세상에는 물 부족으로 식수 및 환경오염 등 많은 어려움을 겪고 있는 여러 나라들이 있다. 물 사용에 주의하여 절수한다면 자연환경 보호에 도움이 되며, 적극적인 절약 습관은 후손들에게 깨끗하고 아름다운 환경을 물려줄 수 있다.
- 물은 일상생활 외에도 생계와 연결되어 있는 경우가 많다. 음료나 요리를 파는 음식점의 일, 농사를 짓거나 가축을 키우는 일, 화재가 났을 때 불을 끄는 소방서의 일 등에 사용된다.
  [출처 : 환경부- 물사랑누리집]

● '물' 절약방법

- **화장실 물 절약방법** : 수조에 물 채운 병 넣기, 대소변 버튼 분리형 변기 설치하기 등
- **주방 물 절약방법** : 설거지통 사용하기, 샤워기 모양의 수도꼭지 사용하기 등
- **세탁실 물 절약방법** : 빨랫감 한 번에 모아서 세탁하기, 적절한 용량의 세탁기 선택하기 등
- **욕실 물 절약방법** : 샤워시간 절반으로 줄이기, 컵에 물 받아서 양치하기 등
  [출처 : 환경부- 물사랑누리집]

● '물' 그린챌린지의 목표

- 만 3세 유아들과 함께 프로그램을 진행하기 때문에 물의 소중함에 대해 관심을 가지고 물을 아껴 쓸 수 있는 방법을 실천해 보는 것을 목표로 두었다.

2 그린챌린지 이야기

● '물은 왜 아껴 써야 해요?' 진행 단계

1단계	2단계	3단계	4단계
물에 대해 관심 가지기	물 부족의 심각성과 물 절약 약속 실천하기	놀이 속에서 약속 실천하기	되돌아보기
• 물은 언제 사용할까요?	• 물이 부족한 곳이 있어요 • 우리가 물을 지켜줄 수 있어요 • 가정연계) 우리 가족 모두 코코를 도와줄 거예요	• 물을 받아서 공룡 목욕시킬래요 • 빗물을 모아서 방울토마토 줄래요! • 수영장에 있는 물은 어떻게 해요?	• 코코의 약속 잘 지키고 있나요?

기후 변화로 인해 세계적으로 환경을 보호하는 노력이 이루어지고 있는 요즘, 맑은샘반 친구들의 환경 보호 한 발자국은 가장 순수한 질문에서 시작되었다.

여느 날처럼 화장실에서 교사가 *"우리 비누칠할 때는 물을 잠그고 해 보자"*라고 안내를 하던 중 한 유아가 *"왜 물을 잠그고 비누칠하는 거예요?"*라는 질문을 하였다. 그래서 교사가 *"물을 아끼기 위해 물을 잠그고 사용하는 거야"*라고 대답하자 유아는 교사에게 다시 한번 *"물은 왜 아껴 써야 해요?"*라는 질문을 하였다. 그 질문을 듣고 우리가 일반적으로 알고 있던 것처럼 *"물이 점점 사라지고 있기 때문에 아껴서 사용하는 거란다"*라고 대답하였지만 물이 왜 사라지고 있는지, 물을 절약하는 다양한 방법에는 무엇이 있는지는 정확히 알지 못하였다.

*"물은 왜 아껴 써야 해요?"*라는 유아의 질문을 시작으로 물 절약의 이유와 방법에 대해 알아보며 그것을 토대로 유아들과 함께 물을 절약하는 그린챌린지를 진행하게 되었다.

물은 언제 사용할까요?

물에 대해 관심을 가지며 그린챌린지에 참여해 볼 수 있도록 물에 대한 경험을 이야기 나누어 보는 시간을 가져보았다. 하지만 물에 대한 경험을 이야기 나누자 '화장실', '요리하는 곳'과 같은 단편적인 경험만을 이야기하는 모습을 볼 수 있었다.

그래서 유아들이 물을 사용해 본 다양한 경험들을 이야기해 볼 수 있도록 어떤 지원을 하면 좋을지 고민하게 되었다. 유아들이 가장 쉽게 접할 수 있는 그림책을 통해 지원해 주고 싶어 어린이집 도서관에서 도서를 찾던 중 『물 좀 주세요!』 그림책을 찾게 되었다. 『물 좀 주세요!』 그림책은 물을 사용하는 여러 가지 상황들이 제시되어 있어 유아들이 가정과 어린이집에서 물을 사용해 보았던 경험, 물을 보았던 경험 등 다양하게 물에 대해 이야기 나누어 볼 수 있었다.

선생님 | 우리가 물은 어디서 볼 수 있을까? 그리고 언제 사용할까?

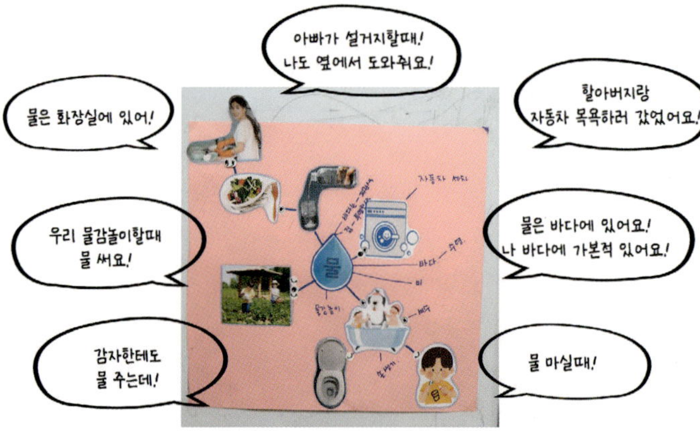

더불어 유아들의 물에 대한 경험을 한눈에 볼 수 있도록 브레인스토밍 방식을 활용하여 지원하다 보니 '물이 이렇게 많은데 왜 물을 아껴 써야 하는 거지?'라고 이야기하며 물 절약에 호기심을 가지는 모습을 볼 수 있었다.

물이 부족한 곳이 있어요

물에 대해 이야기 나눈 것을 회상한 후, 물이 부족해 깨끗하지 않은 물로 생활하는 사람들의 영상을 함께 시청해 보았다. 평소 유아들이 마시는 투명한 물이 아닌 흙이 섞여 있는 물을 마시고 있는 사람들의 모습을 보며 '왜 흙이 있는 물을 마시는 거예요?' 궁금해하였다. 그래서 왜 흙이 들어간 물을 마시게 되었는지, 물이 부족해진 이유가 무엇일지 추측하며 생각을 이야기 나누어 보았다. '화장실에서 우리가 물 안 잠그고 나와서요', '우리가 물을 너무 많이 마시나 봐요'와 같은 의견도 나오고, 흙이 들어간 물을 마시는 사람들에게 집에 있는 깨끗한 물을 보내주고 싶다고 이야기하는 모습을 볼 수 있었다.

우리가 물을 지켜줄 수 있어요

흙이 들어간 물을 마시는 사람들이 없도록 물을 아껴 쓰는 방법에 대해 이야기를 나누는 시간을 가져보았다. '물을 필요한 만큼만 사용해요'와 같은 방법들은 이야기하였지만, 일상생활에서 다양하게 물을 절약할 수 있는 방법에 대해 생각해 보는 것이 유아들에게 어렵게 느껴진다는 것을 알 수 있었다. 그래서 유아들이 자연스럽게 관심을 갖게 하기 위해 맑은샘반 친구들에게 도움을 요청하는 편지와 물을 절약할 수 있는 방법이 그려져 있는 그림 카드를 유아들의 개인 서랍장에 넣어 두며 지원했다. 자신에게 편지가 왔다는 설렘으로 선생님과 함께 편지를 읽어보고 그림 카드를 보며 적극적으로 물 절약 방법을 실천하려는 모습이 나타났다.

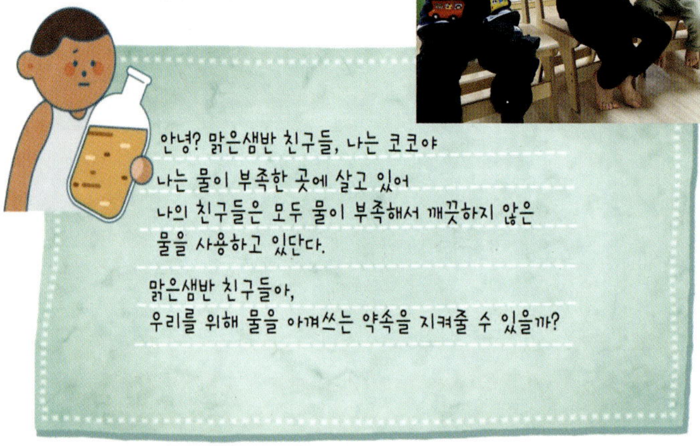

가정연계 : 우리 가족 모두 코코를 도와줄 거예요!

원에서 열심히 코코의 약속을 지키며 물을 절약하고자 노력하는 유아들이 가정에서도 실천해 볼 수 있도록 카드 뉴스 형식으로 유아들의 활동 모습을 정리하여 키즈노트를 통해 가정에 공유하였다.

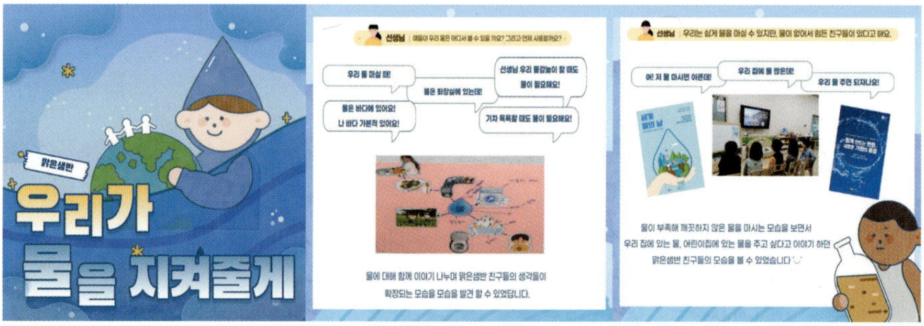

그리고 가정에서 물을 절약해 본 경험을 사진으로 공유받아 친구들에게 소개해 보며 맑은샘반에서도 세수할 때, 손 씻을 때, 양치질 할 때 등 코코의 약속을 지키기 위해 필요한 만큼만 물을 사용하기로 약속했다.

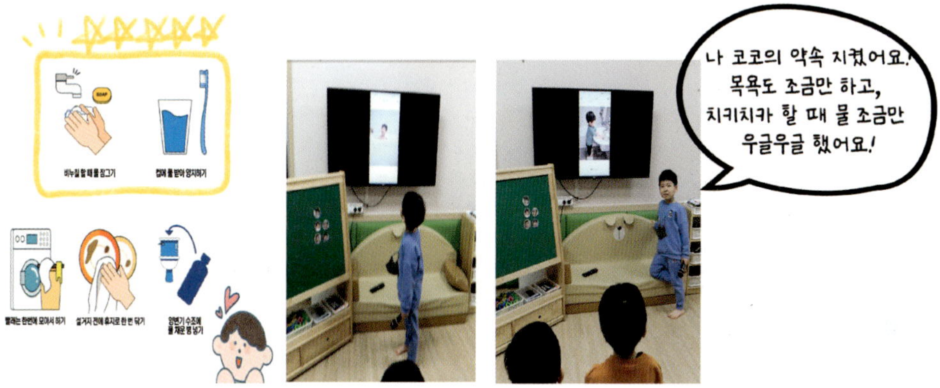

그린챌린지 연계 : 물을 받아서 공룡 목욕시킬래요!

유아들과 물감으로 공룡을 색칠하는 놀이를 진행한 후 세면대에서 물로 공룡을 씻는 선생님을 보고 *"선생님 이렇게 물을 많이 쓰면 코코가 깨끗한 물 못 마셔요"*라고 이야기를 하였다. 그래서 우리가 어떻게 하면 공룡을 깨끗하게 목욕도 시키고 코코의 약속도 지킬 수 있을지 친구들과 함께 이야기 나누었지만 선뜻 어떻게 하면 좋을지 의견이 나오지 않아 유아들이 가정에서 목욕할 때 어떻게 코코의 약속을 지키고 있는지 물어보았다. 그러자 *"엄마가 물놀이 안 하고 빨리 씻으면 코코의 약속 지킬 수 있다고 했어요", "나는 할아버지가 수영장 만들고 그 물로 놀고 씻어요!", "나도 할머니가 물 받아놓고 씻으면 물 아낀다고 했어요!"*라는 경험을 이야기 해 주었다. 그래서 유아들에게 필요한 만큼만 물을 받아놓고 공룡 목욕을 시켜주면 어떨지 제안해 보았다. 그러자 *"좋아요!", "그럼 코코의 약속 지킬 수 있겠다"*라고 이야기하며 긍정적으로 반응해 주었다. 트레이에 물을 필요한 만큼만 받아 놓고 공룡들을 목욕시키면서 *"코코 깨끗한 물 마실 수 있겠다!"*라고 이야기하며 뿌듯해 하는 모습을 볼 수 있었다.

그린챌린지 연계 : 빗물을 모아서 방울토마토 줄래요!

비가 많이 오던 장마철, 유아들과 함께 우비를 입고 비를 맞으며 웅덩이에서 놀이하고 있었다. 한 유아가 다가오더니 "선생님 우리 이 통에다 비 모아 보자요!"라는 이야기를 하여서 유아들과 함께 물감통을 들고 떨어지는 빗물을 모아보았다. 그리고 교실에 들어갈 시간이 되자 유아들이 빗물을 더 많이 모았으면 좋겠다고 이야기하여서 물감통을 화단에 놓고 교실로 들어갔다. 다음 날 빗물 통에 물이 많이 모인 것을 보고 점심식사를 하며 물감통에 모인 빗물을 어떻게 하면 좋을지 이야기를 나누어 보았다. 교사가 "물이 필요한 곳에 주면 좋을 것 같은데? 물이 필요한 곳이 어디지?"라고 질문을 하자 "우리 방울토마토한테 줄래요!"라는 의견이 나왔다. 다른 유아들도 방울토마토에게 물을 주고 싶다고 이야기하여서 비가 오지 않는 날 방울토마토에게 유아들이 모아둔 빗물들을 선물해 줌으로써 물을 절약할 수 있는 또 다른 경험을 해볼 수 있었다.

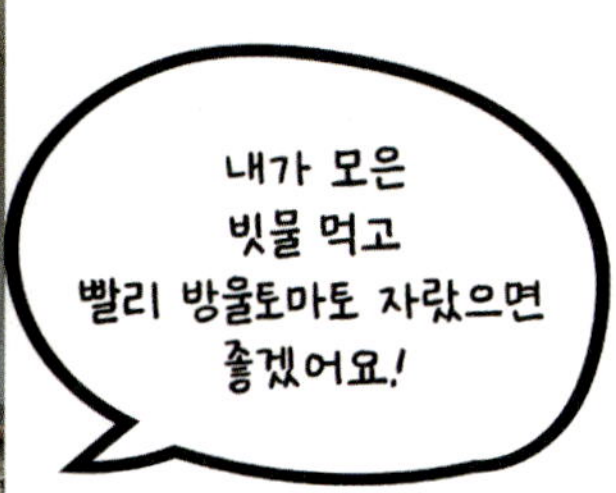

그린챌린지 연계 : 수영장에 있는 물은 어떻게 해요?

풀장에 물을 받아놓고 물놀이를 하던 중 갑자기 *"선생님 우리 이렇게 물 많이 쓰면 코코가 깨끗한 물 못 마시는 거 아니에요?"*라는 이야기를 하였다. 그래서 물놀이를 마친 후 정리하기 전에 수영장 물을 한 번 더 사용할 수 있는 방법에 대해 이야기 나누어 보았다. *"우리 달팽이한테 목욕할 때 이 물 사용해요!", "물총 놀이할 때 이 물로 사용하면 되겠다!"*라는 의견이 나와 다음 날 수영장 물을 사용하여 달팽이 목욕도 시켜주고 수영장의 물을 물총에 넣어 놀이하면서 코코와의 약속을 지키며 물놀이를 즐겨보았다.

선생님 | 수영장 물을 한번 더 사용할 수 있는 방법에는 어떤 것이 있을까?

3 그린챌린지를 통해 변화된 모습

• 우리반의 변화

그린챌린지를 진행한 후에도 유아들은 여전히 코코는 잘 지내고 있는지 물어보며 "선생님 나 오늘도 코코의 약속 지켰어요"라고 이야기를 한다. 원에서 물 절약을 실천하기 위해 노력하는 맑은샘반 친구들의 모습을 보며 물을 절약하면서 어려운 점은 없는지, 가정에서는 어떻게 물 절약을 실천하고 있는지 궁금하여 아이들과 개별적으로 만나 코코의 약속에 대해 이야기 나누는 시간을 가져보았다. 대부분의 아이들이 잘 지키고 있다고 이야기하면서 "선생님 내가 아빠한테 코코의 약속 지키라고 했는데 안 지켰어요"라고 이야기하며 속상해하기도 하였다. 그린챌린지를 진행하기 전, 물은 어린이집에도 집에도 많은데, 왜 물을 아껴 써야 하는지 궁금해하던 맑은샘반 친구들은 이제 나뿐만 아니라 우리 모두 깨끗한 물을 마실 수 있었으면 좋겠다는 마음으로 지금까지도 물을 필요한 만큼만 사용하기 위해 노력하고 있다.

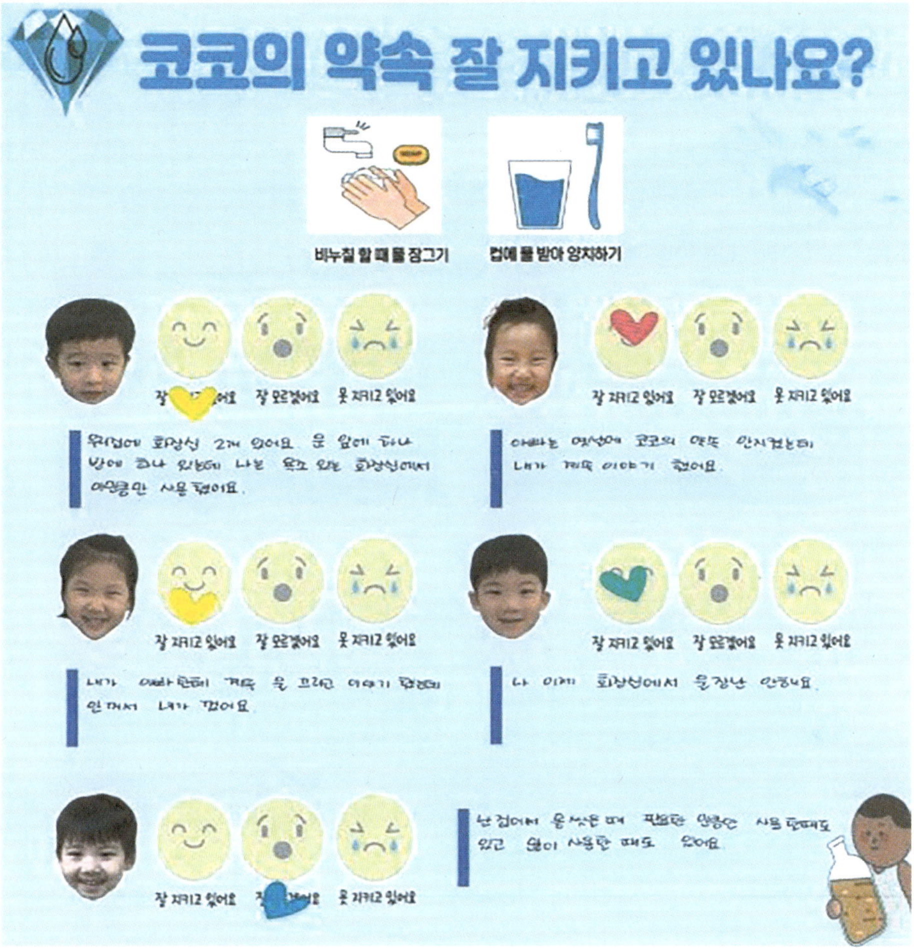

• 교직원의 변화

'환경보호'에 대해 어떤 의미를 가지기보다 단순히 해야 하는 행동이라 여기고 실천하고자 노력하였다. 하지만 유아들이 코코가 깨끗한 물로 생활할 수 있었으면 하는 마음으로, 놀이 속에서도 물을 절약하고자 노력하는 (물을 받아서 놀잇감을 씻어보면 어떨지 제안하고, 빗물을 모아서 방울토마토에 주기도 하고, 물놀이 끝나고 수영장에 남은 물을 물총에 넣어서 놀이하면 어떨지 제안) 모습을 가장 가까이에서 지켜보면서 환경을 보호하는 것은 나뿐만 아니라 우리를 생각하는 것이라는 점을 느낄 수 있었다.

● 부모의 변화

그린챌린지에 참여한 후, 가족들이 집에서 물을 사용할 때마다 옆에 붙어서 '코코의 약속 지켜야 해!', '코코가 깨끗하지 않은 물 마신대!'라고 이야기를 자주 한다고 말씀해 주시며, 처음에만 물 절약을 실천할 줄 알았는데, 지속적으로 실천하는 아이의 모습이 기특해서 가정에서도 계속해서 물을 절약하고 있다고 이야기하곤 하셨다. 아이들의 적극적인 실천 덕분에 가정에서도 함께 물의 소중함에 대해 생각해 보고, 물 절약을 실천해 보며 환경보호에 동참할 수 있는 기회가 되었다.

2023 장려상
마포구육아종합지원센터

국공립

예랑어린이집

원장 정미영 | 교사 곽선자·강예진·김현옥

우수사례 명

내일의 지구를 위한 우리들의 놀이 챌린지

진행 기간 | 2023년 7월 1일~8월 31일

관심의 시작

산업화에 따른 기술의 발달로 생활은 편리해진 반면 지구 환경은 온난화, 미세먼지, 미세플라스틱 쓰레기 등 각종 환경문제에 직면하게 되었다. 지속가능한 지구 환경을 위해 기존 인간중심적 환경관으로부터의 탈피와 일상 속에서 실천 가능한 환경교육의 중요성이 더욱 강조되고 있다.

영유아에 대한 환경보호 실천 교육의 내용은 표준보육과정의 자연탐구, 예술경험, 사회관계 영역에서 나타난다. 자연탐구 영역의 '자연과 더불어 살기'는 생명과 자연환경의 소중함에 대한 경험을 통해 주변의 동식물에 대하여 관심을 가지고 탐구할 수 있게끔 하며, 나아가 자연을 소중히 여기는 마음과 자연을 아끼는 습관을 기를 수 있도록 한다. 또한 예술경험 영역의 '아름다움 찾아보기'는 자연을 직간접적으로 경험하며 자연 속에서 아름다움의 요소를 발견하고 느끼는 경험을 통해 자연에 대한 사랑을 더욱 기를 수 있다. 사회관계 영역에서의 '사회에 관심 가지기'는 사회문제에 대한 관심 향상과 환경보존을 위한 방안을 실천해 보는 경험을 강조한다.

올여름 우리 친구들과 경험한 폭염과 집중호우는 환경파괴의 심각성과 미래 세대의 위기가 구체화된 모습으로 느껴졌다. 이처럼 심각해지는 기상이변으로 환경문제의 심각성과 환경교육의 필요성을 느끼게 되었고, 영아들이 놀이를 통해 환경보호를 실천할 수 있는 방법을 고민하게 되었다. 영유아와 함께 실천할 수 있는 환경보호 방법에 대해 고민하던 중 한 영아가 급간식시간 "채소 먹기 싫어, 고기 주세요"라고 요구하는 것을 보게 되었다. 이전까지 멸치, 미역국, 김, 돈가스, 고기, 빵 등 영아들이 좋아하는 식단이 제공된 날은 잔반도 줄고 식사 시간도 짧았는데, 채소가 올라온 날은 그렇지 않은 모습을 보였던 것이 이러한 요구로 이어진 것이다. 영유아들에게 채소를 억지로 먹게 하는 것보다는 자연스럽게 채소와 친해지는 경험을 할 수 있으면 좋을 것이라고 생각했고, 이것을 환경교육과 함께 진행할 수 있을 것이라는 생각을 하게 되었다.

이를 위해 예랑에서는 텃밭놀이를 연계한 채소와 친해지기 활동으로 식생활을 개선하여 음식물 쓰레기를 줄이고 환경보호도 실천하고자 하였다. 또한 재활용품 놀이, 나눔 부스를 이용한 자원 재활용 활동으로 내 물건을 나누고 다른 친구의 물건을 재사용하는 경험을 할 수 있도록 하였다.

이번 활동을 통해 영아가 자연의 긍정적인 모습을 충분히 탐색하여 자연과 친해지고 친환경적으로 행동하기 위한 동기를 얻으며 자연을 존중하는 환경감수성을 성장시킬 수 있기를 바란다.

1 사전 준비 내용

● 교사의 고민

점심시간 영아들은 "선생님, 배고파요. 오늘은 무슨 반찬이에요?" 식단에 관심을 보이며 제공된 음식을 보고 "우와, 이거 내가 좋아하는 된장국이네", "이거 상추는 안 좋아해"라며 자신의 음식 선호를 이야기하는 모습을 보였다. 대부분 영아가 고기류, 돈가스, 멸치 반찬은 추가 배식하여 잘 먹으나 채소 반찬은 편식하여 거부하는 모습을 보였다. 영아들이 채소와 친해지는 활동을 통해 채소 반찬을 비롯한 다양한 음식들을 균형 있게 섭취할 수 있도록 지원하는 방법을 고민하게 되었다.

● 교육적 지원

[자료]

- **기본생활 '건강하게 생활하기'** : 건강한 음식에 대해 알고 즐겁게 먹기
  텃밭 채소를 수확하여 역할놀이에 지원하여 건강한 음식에 대해 알고 채소를 이용한 오감활동 등 채소와 친해지는 다양한 활동을 지원한다.
- **자연탐구 '자연과 더불어 살기'** : 상자텃밭 채소 키우기와 달팽이 키우기
  텃밭에 다양한 채소 모종을 아이들과 직접 심고 물을 주고 채소의 성장과정을 관찰하며 "이거 이름이 뭐야?" "어, 토마토가 열렸어" 하며 식물의 성장과정을 경험한다.
- **예술경험 '아름다움 찾아보기'** : 채소, 재활용품을 이용하여 다양하게 표현하기
  채소를 이용한 요리활동과 재활용품을 이용한 놀잇감을 만들어 보는 활동을 지원한다.
- **사회관계 '사회에 관심 가지기'** : 재활용, 나눔 부스 이용하며 친구와 관계 맺기
  채소 나눔 부스와 재활용 부스를 이용하여 물건을 나누고 환경을 지키고 이웃과 함께하는 즐거움을 경험하도록 지원한다.

[관찰 및 상호작용]

텃밭에 채소를 키우면서 채소에 관심을 갖고 채소 반찬의 거부감이 낮아져서 점심시간에 상추 반찬이 나오자 상추에 대한 친근감에, 먹기를 거부했던 영아가 *"선생님, 이거 내가 땄어", "텃밭에 상추가 많아"* 하고 자랑스럽게 말하며 자발적으로 맛봄을 시도하였고, 교사는 야채류를 처음 먹어보는 아이들에게 잘게 잘라주고 더 잘 먹어볼 수 있도록 도왔다.

텃밭 채소를 기르며 영아들은 채소가 물과 따뜻한 햇빛, 거름을 먹고 자라는 것을 알고 채소에 물을 주며 *"채소야, 물 먹어. 내가 줄게"* 하며 물 주기를 즐거워하고 토마토가 자라면서 변화하는 색깔과 크기에 대해 알고 아기 토마토, 빨간 고추, 보라색 가지를 친구삼아 언어적 상호작용이 이루어졌다.

오전 간식으로 제공된 채소가 남으면 달팽이에게 가져가 *"달팽아, 이거 먹어. 상추 맛있어"* 또는 *"당근을 먹으면 이따가 주황응가를 할 거야"* 등 채소를 먹는 달팽이를 키우며 달팽이의 먹이와 똥에 관심을 갖고 *"당근 먹고 당근 똥 쌌어요"* 하며 채소 놀이를 통해 다양한 상호작용을 하였다.

채소 놀이를 확장하여 재활용 놀이로 이루어지면서 어린이집에서 사용하는 물건을 재활용할 수 있도록 간식으로 제공된 요거트를 먹고 통을 스스로 씻도록 하고, 택배 상자, 휴지심, 물티슈 뚜껑을 모아 재활용 놀이에 이용할 수 있도록 하였다.

휴지심을 이용한 망원경, 줄 전화기를 만들어 *"ㅇㅇ이가 저기 있네", "어, 깜짝이야. ㅇㅇ이네"* 등 거리감을 자연스럽게 느껴보거나 보고 싶은 가족과 전화하며 *"내가 할머니 보러 내일 갈게. 기다려. 안녕"* 하며 자연스럽게 사회관계 상호작용이 이루어졌고 재활용품 놀이 후 끼적이기를 마친 종이라든지, 가위질한 종이, 사용 후 나온 휴지심, 다 사용한 물티슈나 기저귀 봉지를 보고 *"선생님, 이거는 어디다 정리해요?"* 또는 물티슈의 캡을 분리해서 버리는 선생님을 모방해 *"선생님, 이거 뜯어주세요. 같이 버리면 안 돼"* 라고 말하는 아이들을 보면서 교사는 재활용품을 분류하는 작업뿐 아니라, 그 후 재활용품을 수집해 다양한 놀잇감 만들어 보기를 시도할 수 있었다.

● 물리적 지원

[공간]

물리적 환경 : 텃밭, 재활용품 & 나눔 부스를 설치하였다.

[시간]

충분한 실외활동 시간을 지원하여 텃밭 활동과 자연 놀이를 충분히 할 수 있도록 지원했다.

[가정과의 연계]

텃밭 채소 나눔을 통해 채소와 친해지기 활동을 지원하고 우리 가족 채소 레시피 활동을 통해 다양한 채소 요리를 만들 수 있도록 하였고 채소 나눔을 확장하여 재활용품 나눔 챌린지 활동을 진행하였다.

2 그린챌린지 이야기

● 진행 단계

1단계	2단계	3단계	4단계
채소놀이	채소 나눔 놀이	재활용 놀이	아나바다 놀이

놀이 흐름

- 급·간식 시간 채소음식 거부
- 육식 위주 식습관

채소 먹기 싫어! 고기 주세요

- 텃밭놀이
- 달팽이 키우기
- 채소 오감놀이

채소 놀이

- 텃밭 채소 자율 나눔 부스
- 채소와 친해지기

채소 나눔

- 환경을 위한 재활용품 놀이
- 재활용품 모으기

재활용품 놀이

- 재활용품 나눔 부스
- 재활용품 놀이

재활용품 나눔

1) 채소 놀이 – 텃밭 활동, 달팽이 키우기, 오감활동, 가정연계

- 텃밭에 채소를 키우며 싹이 나고 꽃이 피고 열매 맺는 식물의 성장과정을 관찰하고 초록 방울토마토를 '아가토마토'라고 표현하며 빨간 토마토가 되기를 기다릴 수 있었다.
- 색깔을 인지하고 초록고추, 빨강고추 혹은 가지를 보라색 고추라 말하며 아이들의 어휘가 확장되고 언어적 감수성이 확장되었다.

채소야 안녕!
상추, 오이야 물 먹어
달팽이가 좋아하겠다
달팽이 갖다 줄 거야
나도 오이 좋아해

- 채소를 먹는 달팽이 키우기 활동을 지원하여 달팽이가 채소 먹는 모습을 관찰하자 영아들이 텃밭의 상추와 호박, 오이 등 채소의 모양과 성장과정에 더 많은 흥미를 갖고 관찰하게 되었다.

달팽이야 채소 먹어
상추, 호박, 오이
나도 한 번 먹어볼까!

- 음식모형을 이용한 소꿉놀이에 흥미를 보여 음식모형을 먹으며 맛에 대해 구체적(달콤해, 매워, 고소해, 맛있는 냄새 등) 언어로 표현하고, 친구와 나눠 먹는 다양한 놀이가 이루어지거나 동화책 속 음식 그림을 기억하고 음식모형을 찾아 그림과 같음을 말하기도 하였다.

보라색 가지, 딱딱한 감자

찜질방에서 먹는 오이

수박씨가 어디 갔지?

텃밭 채소 이용
오감놀이
관찰하고 맛보고

모형음식을
이용한
소꿉놀이

우리 집에 놀러와요

먹기 전에 사진 먼저

와~~ 색깔 채소다

채소를 싫어하는 영아들도 급·간식 시 배식된 채소 반찬을 보면서 “이거 달팽이가 좋아해”, “어제 집에서 호박 반찬 먹었잖아” 말하며 채소류에 긍정적인 관심을 보였고, 교사가 채소 반찬을 작게 잘라 지원하자 채소를 싫어하는 영아들도 조금씩 맛보기를 시도하는 모습을 보였다.

채소와 친해지기 활동으로 영아들은 채소 반찬에 두려움보다는 호기심을 가지고 맛보기를 지속적으로 시도하고, 익숙하지 않은 음식의 맛이나 생김새에 관련해 궁금한 점들을 교사에게 질문하는 횟수가 많아졌으며 처음 보는 음식을 먹기 전 맛을 상상하며 맛 표현을 다양하게 즐기게 되었다.

● 가정연계 활동

- 채소와 친해지기 – 텃밭 채소 나눔

텃밭 쌈 채소를 수확하여 전체 가정에 제공하여 가정에서 채소와 친해지는 활동을 할 수 있도록 지원하였다. 가정에서 자녀와 쌈 채소를 이용하여 요리하고 영아에게 채소 음식을 제공하는 모습을 보고 텃밭 수확물 나눔 공간을 마련하여 텃밭 수확물이 나올 때마다 비치하여 자유롭게 이용할 수 있도록 하였다.

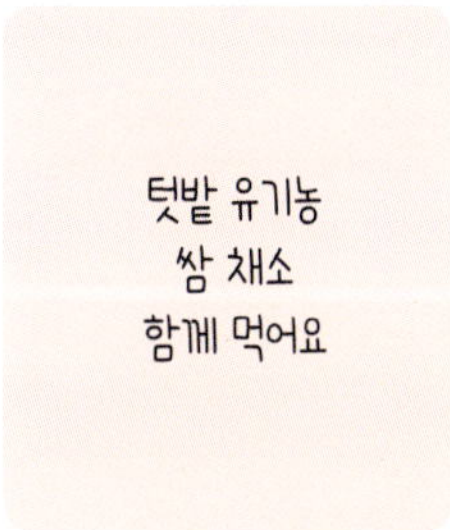

채소 나눔(상추, 깻잎)

나눔 채소 월남쌈

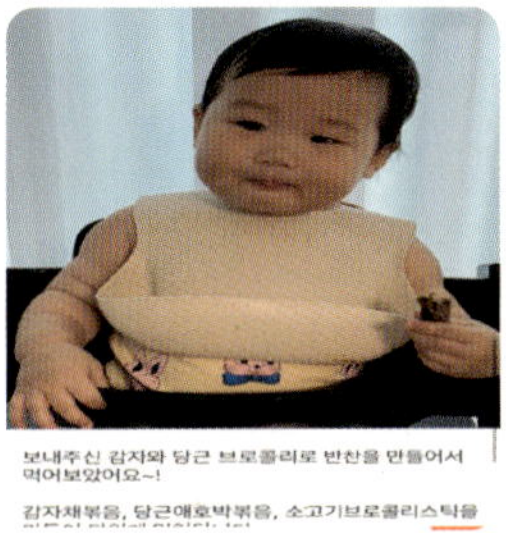

맛있는 채소요리

- 오이, 가지, 호박은 쌈 채소와 다른 열매 채소라서 소량으로 수확되어 어린이집 현관에 비치하여 등·하원 시 자유롭게 이용할 수 있도록 하였다.

호박 1개 수확

자율 채소 나눔 부스

오늘의 채소는~ 호박

호박전이 맛있어요

제한된 텃밭 채소의 종류를 확장하여 다양한 채소를 탐색할 수 있도록 영아들의 채소 선호도를 조사하여 원과 가정이 연계하여 다양한 채소 먹기를 시도하는 활동을 진행하였다.

- 우리 아이 음식 성향 결과 가정에서 시도하고 싶어 하는 채소 2종(당근, 브로콜리)과 자루 텃밭에서 수확한 채소 1종(감자)을 선정하여 가정연계활동을 계획하였다.
- 자녀와 자유롭게 채소를 탐색하고 활동 모습을 키즈노트에 올려 가족 채소 놀이를 공유하였다.

◈ 채소와 친해지기 활동 ◈

채소 선호도 조사

『우리 아이 음식 성향』

* 좋아하는 음식 및 식재료 : 당근, 버섯, 콩나물
* 채소 섭취를 위해 지원하는 방법은? 볶음밥, 전 등 채소 형태가 나타나지 않게
* 시도하고 싶은 식재료 : 당근, 브로콜리, 시금치

채소 선호도 조사 결과서

채소와 친해지기 활동 자료

채소를 탐색해요

채소를 이용한 모양 찍기

채소도장 찍기

모양 쌓기 놀이

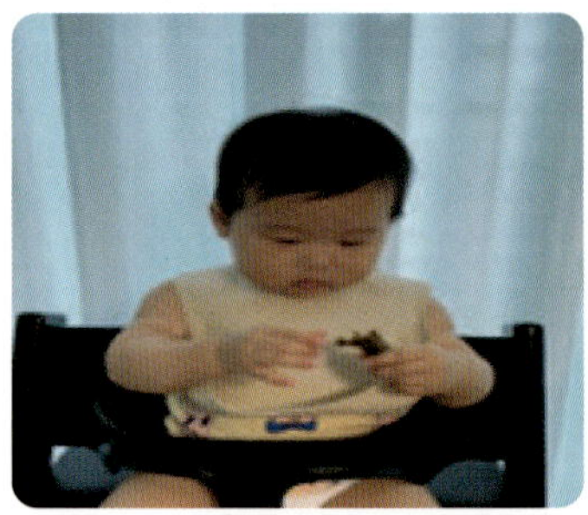

여기 채소가 꼭꼭

당근 색깔에 손이 가요

채소 밥상

음 ~ 브로콜리 맛은

2) 재활용품 놀이

- 채소와 친해지기 활동을 하며 영아는 물론 학부모님의 만족도 또한 높았다. 텃밭 채소를 자연스럽게 나누고 채소를 먹음으로써 아이들의 식생활이 개선되고, 음식물 쓰레기를 줄임으로써 환경도 보호할 수 있음을 알게 되었다.
- 영유아의 기본생활습관은 일상생활에서 반복활동과 가정연계활동을 통한 부모의 관심과 참여를 통한 지속성이 요구된다. 채소와 친해지기 활동의 자율 채소 나눔 부스를 확장하여 우리가 살고 있는 건강한 지구를 위해 지속적인 환경보호 실천을 위한 자율 재활용 나눔 부스를 만들고 재활용을 이용한 재활용 놀이로 확장되었다.
- 지구의 내일을 위한 환경보호 실천의 필요성과 활동내용을 안내하여 그린챌린지 [지구를 지키는 예랑 환경맨] 활동을 진행하였다.

환경실천 그린챌린지 활동 안내

재활용품 수거 부스

- 재활용 나눔 챌린지 안내문 발송
- 우리 가정에서 사용하지 않는 물건을 찾아보고 나눔 부스에 기부해 주세요.
- 나눔 부스에서 우리 가족이 필요한 물건을 찾아보고 자녀와 함께 놀이해요.

상자 갖고 왔어요

나는 요구르트 병

아가 용품

잘못 구입한 옷

내가 사용한 물건 동생들도 좋아할까!

엄마랑 함께 나눔

살짝 놓고 가요

내 인형 나누고 친구 인형 나눔 받고

내가 놀던 장난감 내가 필요한 자동차

- 재활용품을 이용하여 놀이해요

  수거된 재활용품을 이용하여, 재활용품을 활용한 놀이 활동을 진행한다.

뭐지! 뭐 할까?

위로! 위로!
상자를 높이 쌓아보고

어, 상자가 쏙 들어가네

친구야 함께 놀자

아이스크림, 블록통, 상자

친구야 주스 마실래?
꿀꺽꿀꺽~!

알록달록 플라스틱 통 쌓기

휴지심 재활용 놀이

휴지심으로 재미난 놀잇감 만들기

휴지심 로켓 만들기

휴지심 물감 찍기

나만의 에코백 만들기

재활용품 이용 놀이 챌린지

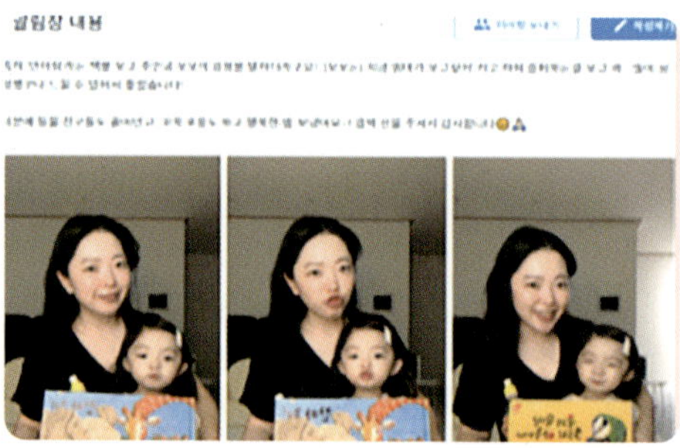

재미있는 동화책을 나눔 받았어요

자동차, 강아지, 내가 좋아하는 게 너무 많아

서영이가 나눔부스에서 갖고온
인형을 엄청엄청 좋아해요!

정말 보들보들하고 귀엽다며
엄마도 만져봐! 정말 부드러워!
얼굴에 비비고 안아주고 합니다
집에있는 어떤인형보다도 좋아해요ㅎㅎ

저는 서영이가 사놓고 사이즈미스로
입지 못하는 옷을 몇가지 나눔합니다

집에서 잘 활용하지 못하는 물품들이
필요한곳으로 갈수 있다니
엄청 좋은행사라고 생각합니다!

서영이는 주변에 어린동생들이나 친척들
도 없어서 작아지거나 사용하지 못하는
물건들을 그냥 버리기가 아까웠는데
집에 또 나눔하면 좋을것들을 찾아봐야
겠어요!

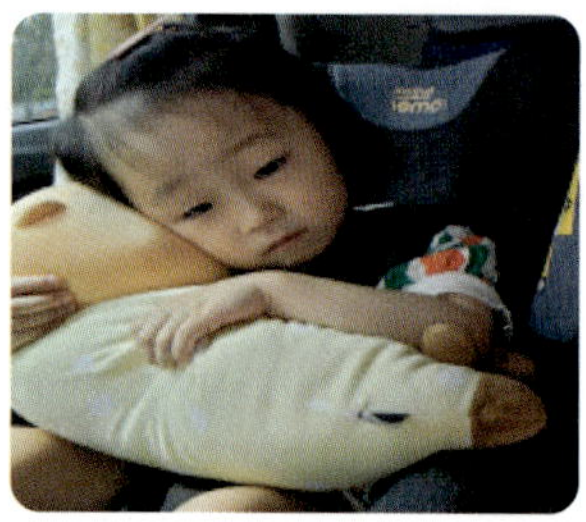

나눔 받은 인형 너무 좋아

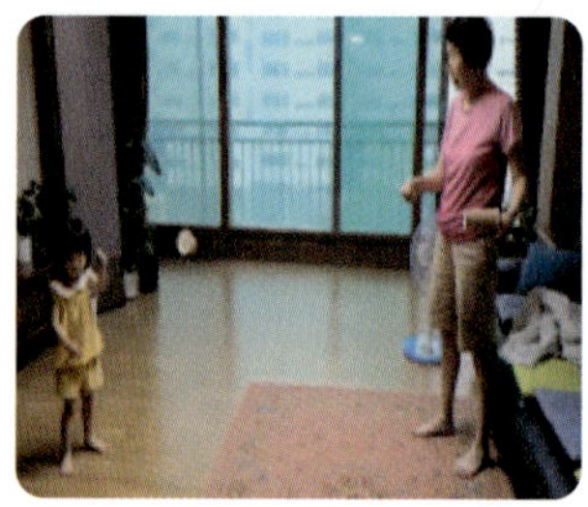

휴지심 전화 - 할머니! 사랑해

휴지심 망원경 만들기 놀이

재활용 상자, 빨대를 이용한 놀이

지구의 내일을 위한 에코백 챌린지

한진이 에코백 사용 사진입니다~~가방을 주니 장난감을 담더라구요 :)

경진이도 장난감을 하나둘 에코백에 넣고 있어요 :)

안녕하세요 선생님:)
주말동안 해원이가 만든 에코백을 간식 가방으로 사용했는데요 맘에 드는지 잘 들고 다니더라구요^^(사진은 비록 울고 있지만..)
자라날 아이들을 위해 실생활에서 환경 보호를 위해 더 노력해야겠다는 생각이 드네요!

여행 갈 때

외출할 때

홍대 나들이

놀이터 갈 때

3 그린챌린지를 통해 변화된 모습

● 우리반의 변화

가정과 연계한 채소와 친해지기 활동을 통해 평소 먹지 않던 채소 반찬을 시도하여 자긍심을 가질 수 있었고 다양한 재활용품을 이용하여 영아들이 자유롭게 놀이하고 재활용품을 이용한 창의적 표현활동 시간을 충분히 가질 수 있었다. 같은 재료라도 각자의 개성에 따라 결과물이 다 다르게 만들어지는 것을 느끼며 다른 친구들의 놀이도 관찰한 후 모방놀이로 확장되었고 자신이 만든 에코백을 소중히 여기면서 외부 활동에 적극 활용하는 모습을 보였다.

그린챌린지 재활용품 수거 부스를 통해 내가 사용하지 않는 장난감, 작아진 옷 등 물품을 직접 나눔 부스에 올려놓아 친구, 형님, 동생에게 나눠주며 자연스럽게 나눔을 경험하는 시간이 되었다.

● 교직원의 변화

어려운 주제로 여겨졌던 그린챌린지 활동이 영아들의 기본생활습관 형성으로 접근하여 채소와 친해지기, 채소 나눔, 재활용놀이, 재활용품 나눔, 에코백 챌린지로 확장되었다.
채소와 친해지기 활동을 통해 영아들의 건강한 식습관이 형성되고 주변에서 쉽게 구할 수 있는 재활용품을 놀잇감으로 지원하여 영아들의 놀이가 지속되고 확장되어 가는 모습을 볼 수 있었다.
특히 재활용품 놀이는 가정에서 가져온 물품의 양이 많아져 나눔 부스 교구장이 추가로 필요하였고, 영아들이 부모님과 재활용품을 함께 수거하고 분류하는 하나의 놀이가 이루어졌으며, 새로 산 놀잇감이 아닌, 쓰고 난 재활용품을 이용하여 재밌게 놀이할 수 있음을 알게 되는 유익한 활동이 된 것 같다. 활동마다 가정에서의 참여율이 높아 활동이 효과적으로 진행될 수 있었고 영유아를 위한 환경 실천이 놀이를 통해 자연스럽게 이루어져 영아와 부모님도 즐겁게 참여하고 환경보호에 관심을 갖는 유익한 시간이었다.

● 부모의 변화

놀잇감을 새로 사야 한다는 생각에서 벗어나 사용하지 않는 놀잇감을 나누고 이웃이 사용하지 않는 놀잇감을 아이가 즐겁게 사용하는 모습을 보고 나눔의 중요함을 알게 되었다.
키즈노트에 올라온 다른 가정의 재활용품을 이용한 놀이 사진을 영상으로 공유하여 다양한 놀이 방법에 대해 알고 재활용품을 이용한 놀이를 통해 아이와 즐거운 시간을 가질 수 있었다.
등하원 시 나눔 부스를 이용하며 평소 대화하기 힘들었던 같은 반 친구들, 형님, 동생들 또한 부모님과 소통하는 시간도 생겨서 유익한 시간이 된 것 같다. 재활용품 놀이를 통해 환경보호에 관심을 갖고 환경보호를 실천하고자 하는 마음을 갖게 되었다.

2023
장려상
마포구육아종합지원센터

국공립

홍익어린이집

원장 **전정희** | 교사 **유미애·박은정**

우수사례 명

우리가 지키는 지구환경

진행 기간 | 2023년 4월 3일~8월 31일

관심의 시작

아이들에게 모든 우주 만물은 서로 영향을 주고받는 하나의 순환 체계이며, 연결되어 있는 생명공동체임을 가르쳐야 한다. 자연을 대할 때 가지고 노는 놀이의 대상이 아닌 더불어 살아가야 할 동무가 되도록 가르쳐야 하며, 이는 일상생활 속에서 놀이를 통해 자연스럽고 지속해서 이루어져야 한다.

홍익어린이집은 생태유아교육과 몬테소리 교육 철학을 바탕으로 운영되는 영아전문 어린이집으로 다음 세대를 위한 준비를 하고자 한다.

2017년부터 홍익어린이집이 실천하고 있는 지구환경을 위한 프로그램은 "나 하나쯤이라는 생각에서 벗어나 나 하나라도" 지구환경을 지켜나가자는 마음으로 가정과 지역사회 연계로 부모교육도 함께 실천하고 있다.

자연과 사람이 하나되는 자연공동체, 사람과 사람이 하나되는 사람공동체, 사람과 사회가 하나되는 사회공동체라는 인식으로 작은 실천들을 아이, 부모, 교사, 지역사회가 함께 진행하고 있다.

1 사전 준비 내용

• 교사의 고민

지구환경을 지키기 위해 '나 하나쯤'이라는 생각에서 벗어나 '나 하나라도'라는 마음을 영아기부터 가질 수 있도록 하려면 어떻게 지원하는 것이 좋을지 고민하게 되었다.

● 교육적 지원

[자료] 텃밭에서 볼 수 있는 식물과 생물의 사진과 실물 체험, 서로에게 필요한 물건으로 교환하는 사진(아나바다)과 재활용품(요플레 통, 생수통, 우유갑, 재활용 종이, 일회용 배달 용기, 큰 종이 상자, 재활용 쿠키통, 포장용 에어캡, 헌 옷, 병뚜껑 등)을 지원하였다.

[관찰 및 상호작용] 음식물 쓰레기를 모아 직접 텃밭에 묻고 시간이 지나 음식물이 퇴비로 변화하는 과정을 직접 관찰하면서 지구환경을 지키기 위해 이야기 나누고, 음식을 남기지 않고 골고루 먹기로 약속하였다. 또 내게 필요하지 않은 옷이나 장난감, 책 등을 원으로 가지고 와서 동생이나 필요한 친구에게 나누어 주는 모습과 가정에서 모아온 병뚜껑을 현관에 마련되어 있는 수거통에 직접 넣어보는 모습도 보였다.

● 물리적 지원

[공간] 어린이집 내에 있는 텃밭을 이용해 음식물 쓰레기를 퇴비로 사용하였고, 상시 현관 앞에 마련된 365일 아나바다와 매일매일 병뚜껑을 모을 수 있도록 공간을 지원하였다.

[시간] 학기초부터 아나바다와 병뚜껑 모으기를 홍보하고 꾸준하게 현재까지 지구환경 보호를 위해 실천하고 있다.

[가정과의 연계] 365일 아나바다를 통해서는 나에게 필요하지 않지만 다른 사람에게 필요한 물건을 서로 나누고, 모아모아 병뚜껑은 매일매일 가정에서 병뚜껑을 분리수거하여 모은 후 알맹상점에 부모님과 아이가 함께 정기적으로 방문하여 재활용 휴지로 교환하고 있다.

뉴스를 보다 보면 한 곳에서는 펄펄 끓는 폭염과 바로 옆에서는 갑작스러운 폭우로 인해 엄청난 인명 피해가 생기고 있다는 보도가 자주 나온다. 또한 갑작스러운 지진, 산불 등으로 지구는 아프다는 신호를 우리에게 보내고 있다. 지구가 전례 없는 고난에 시달리고 있음을 보여주고 있는 수치들은 놀라울 정도로 많다. 많은 숲이 잘려 나가고 많은 물고기가 남획되고 많은 종이 멸종했다. 지구는 사람의 손길로 만신창이가 된 것이다. 온실가스, 해양 산성화, 화학물질에 의한 오염 등 전방위적인 파괴로 우리는 스스로의 미래를 위험수위로 내몰았다. 코로나19로 인해 집에만 있는 생활이 일상화되면서 배출하는 쓰레기도 늘어나게 되었다. 음식 배달과 택배 주문이 늘면서 일회용 플라스틱과 포장재 사용이 늘어나 갈수록 높아지는 쓰레기 산은 우리에게 더는 물러날 곳이 없다고 경고하고 있다. 하나의 플라스틱 물병이 분해되기까지는 600년이 걸린다고 한다.
친환경 실천을 '즐거운 불편'이라고들 한다. 나부터 일회용품을 줄이고 환경보호에 힘쓴다면 쓰레기로 파괴되어 가는 지구를 지킬 수 있지 않을까? 한 평의 공간과 쓰레기를 줄이고 싶은 마음만 있다면 시작할 수 있다는 생각에서 아이, 부모, 교사가 지구환경에 대한 교육을 통하여 실천할 수 있는 것과 그 방법들을 찾아보았다.

- 첫째, 음식물 쓰레기를 줄이고 활용하여 자연 퇴비를 만들 수 있는 환경을 조성한다.
- 둘째, 가정과의 연계 활동으로 365일 아나바다 공간 조성을 통해 자유롭게 이용하고 실천하도록 한다.
- 셋째, 생활 속에서 '제로 웨이스트(zero waste)'를 실천한다.
- 넷째, 어린이집, 가정, 지역사회와 함께 병뚜껑 모으기를 실천하여 지구가 덜 아프도록 다시 쓰고 다시 쓰는 습관을 갖고, 일회용품 줄이기로 쓰레기가 없는 환경을 만들어 가고자 한다.

음식물 쓰레기를 활용한 자연 퇴비로 쑥쑥 자라요

어린이집 현관에 마련된 365일 아나바다 코너

매일매일 병뚜껑을 모아요

2 그린챌린지 이야기

● '우리가 지키는 지구환경' 진행 단계

1단계	2단계	3단계	4단계
어린이집에서의 실천	가정과의 연계	놀이하며 실천	지역사회와의 연계
• 버려지는 음식으로 지구가 아프다는 것을 영아가 쉽게 이해하고 체험할 수 있는 방법은? • 음식물 쓰레기를 최소화하고 남은 음식물은 텃밭에서 퇴비로 활용	• 물자를 낭비하지 않고 재활용 할 수 있는 방법은? • 365일 아나바다 공간 조성 • 가정에서 다양한 물품을 기증하고 가져가는 '아나바다' 실천	• 놀이를 통해 일회용품을 줄이고 자원순환을 체험할 수 있는 방법은? • 재활용품을 활용하고 일회용품 대신 다회용품 사용 실천	• 재활용품이 순환된다는 것을 알 수 있는 곳은 어디일까? • 모은 병뚜껑은 지역에 있는 알맹상점에서 재활용 휴지로 교환하는 체험

첫째, 음식물 쓰레기를 줄이고 활용하여 자연 퇴비를 만들 수 있는 환경을 조성한다.

어린이집에서는 먼저 음식물 쓰레기를 줄이기 위해 고구마, 감자, 과일 등 껍질째 먹을 수 있는 것은 깨끗이 씻어 아이들이 껍질째 먹을 수 있도록 하고 있다. 또한 배식할 때 먹을 수 있는 만큼 배식하고 있으며, 만 2세의 경우는 편식이 많은 시기로 '음식물 쓰레기가 많이 나오면 우리가 사는 지구가 아프다'라고 이야기해 주며 음식물을 남기지 않도록 격려해 주고 있다.

껍질을 먹을 수 없는 음식물 쓰레기가 나오면 아이들이 교사의 도움을 받아 텃밭에서 흙을 파헤치고 음식물 쓰레기를 넣고 다시 흙으로 덮어주어 지렁이가 먹을 수 있도록 한다.

지렁이는 토양의 물리적인 구조를 개선해 분변토라는 가장 좋은 퇴비를 만들어 주어 '하나님이 주신 선물', '흙 속의 보물', '지구 토양의 건강을 지키는 파수꾼'이라고 불린다. 지렁이가 먹이를 먹는 과정은 생태계 유지에 큰 역할을 한다. 동물의 똥이나 식물의 잎은 그 자체로는 토양에 흡수되기 어려워서 영양분으로 쓰이기 힘들다. 지렁이와 같은 토양 생물과 미생물이 이들 유기물을 잘게 분해해 영양 흡수를 촉진한다. 지렁이가 유기물을 먹고 뱉은 배설물 역시 토양을 건강하게 하는 역할을 한다. 어린이집 텃밭에 자생하는 지렁이들이 음식물 쓰레기를 악취도 없이 위생적으로 처리한다.

아이들은 텃밭 활동을 통해 매일 성장하는 작물들을 관찰하고 흙 속에 사는 지렁이의 역할을 듣고, 보면서 생명의 순환을 직접 체험하고 있다. 직접 텃밭 가꾸기를 하면서 환경에도 관심을 갖게 되었다.

단호박을 껍질째 먹어요

사과도 껍질째 냠냠~

남기지 않고 모두 먹었어요!!

음식물 쓰레기를 묻어보자!

여기도, 저기도 묻어보자~

지렁이는 땅속의 유기물을 먹고 산대요

꼭꼭 물을 주어요~

고구마가 얼마나 자랐을까?

배추를 심어요

둘째, 가정과의 연계 활동으로 365일 아나바다 공간 조성을 통해 자유롭게 이용하고 실천하도록 한다.

영유아기부터 환경보호를 실천하여 주변에 선한 영향력을 미치는 사람으로 성장할 수 있도록 도와주는 어린이집이 되고자 한다. 더불어 미래 세대에게 더욱 온전하게 환경을 전달하고 지속할 수 있는 사회를 만들어 나갈 수 있도록 실천하고 공유하려고 한다.

2017년부터 실천하고 있는 '아나바다' 물건들을 모아서 12월에 바자회처럼 진행하여 모인 기부금은 서강동 주민자치센터에 전달하여 독거노인과의 세대 관계를 좁히는 데 이바지하였다. 2023년은 '홍익 나눔터'를 만들어 자율적으로 물건을 놓고 필요한 것들은 가져갈 수 있도록 하였다. 이러한 활동으로 물자를 불필요하게 낭비하지 않고 재활용할 수 있는 것을 버리지 않고 다시 사용하는 습관이 자연스럽게 이루어지고 있다.

재원생 가정뿐 아니라 졸업생과 지역사회 주민들도 '홍익 나눔터'를 알고 가정에서 사용하지 않는 놀잇감, 아기용품, 책 등의 물품을 기증하여 필요한 가정에서 가져가 다시 사용하고 있다. 나와 이웃 지구를 위해 아껴 쓰고 나누어 쓰고 바꿔 쓰고 다시 쓰는 '아나바다'가 추구하는 '제로 웨이스트(zero waste)'를 실천하는 노력을 하고 있다.

제가 입던 옷이에요

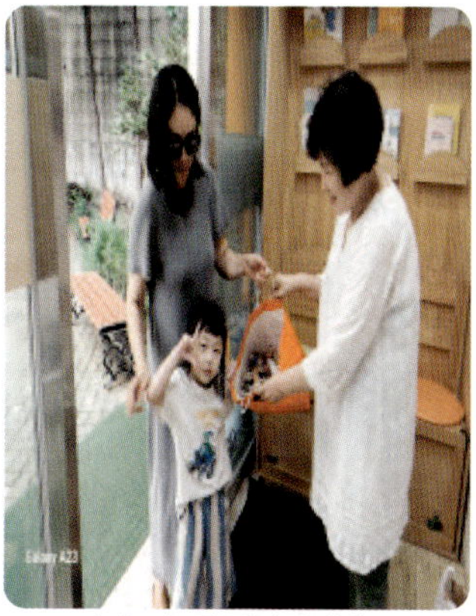

가지고 놀던 장난감이에요.
동생에게 주세요~

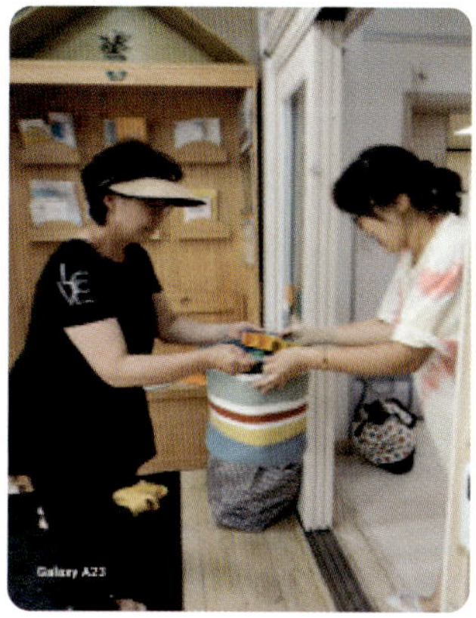

'홍익 나눔터'를 보고 기증합니다

예쁜 신발 잘 신겠습니다

원피스 잘 입히겠습니다

동생에게 주세요

셋째, 생활 속에서 '제로 웨이스트(zero waste)'를 실천한다.

'제로 웨이스트(zero waste)'의 또 다른 작은 실천으로, 원내 텃밭에서 수확한 작물을 담을 때 일회용 비닐이나 화려한 포장지가 낭비되는 것이 안타까워 포장지를 사서 쓰지 말자고 제안하여 장바구니를 마련하여 사용하고 있다. 또한 바깥놀이를 할 때 일회용 종이컵이나 물통이 아닌 개인 물통을 준비하여 사용하고 있다.

요리활동 후에 가정으로 가져가는 음식, 텃밭에서 수확한 작물 등을 원에서 준비해 둔 밀폐용기와 보자기로 포장하여 가정으로 보내고 다시 돌려받아 사용하는 생활 속 실천을 가정과 연계하여 지속적으로 하고 있다.

그리고 각 반 교실에 재활용품(페트병, 요플레 통, 우유갑, 헌 옷, 각종 종이상자, 에어캡 등)을 활용한 놀잇감을 제공해 주어 아이들이 자연스럽게 놀이하면서 자원순환을 체험하고 있다.

부모교육으로는 친환경 비누를 가정에서 아이와 만드는 과정을 경험하고 만든 비누를 사용해 보면서 아이와 함께 생활 속에서 지구를 지키는 실천을 해 보도록 하고 있다.

내 물통으로 물을 마셔요

장바구니에 텃밭 고추를 따서 가져가요

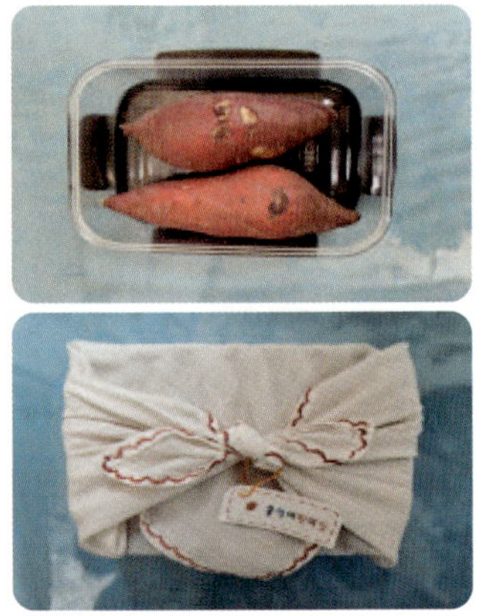

일회용 용기 대신 환경을 생각하는
다회용 용기를 써요

요플레 재활용 변기로 놀아요

요플레 통으로 쌓기놀이 해요

재활용 종이 도로예요

일회용 배달음식 용기로
거북이를 만들었어요

우유갑으로 만든 자동차예요

생수통으로 볼링놀이 해요

커다란 종이박스로 만든 자동차예요

쿠키통을 두드리며 놀아요

페트병으로 색물놀이 해요

전기를 사용하지 않는
페트병 산소 공급기

종이 상자 자동차를 타요

포장용 에어캡도 놀잇감이 돼요

헌옷으로 하는 빨래놀이는 재미있어요

페트병 물총놀이 해요

저도 분리배출 할 수 있어요

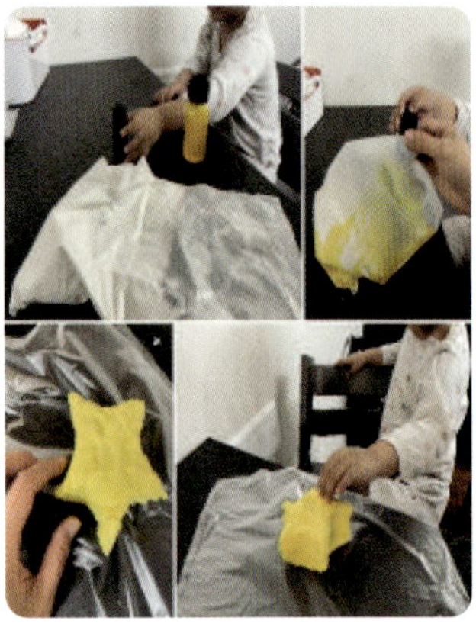

부모님과 함께 조물조물 천연 비누를 만들어요
천연 비누는 잘 분해되어 물을 오염시키지 않아요

넷째, 어린이집, 가정, 지역사회와 함께 병뚜껑 모으기를 실천하여 지구가 덜 아프도록 다시 쓰고 다시 쓰는 습관을 갖고, 일회용품 줄이기로 쓰레기가 없는 환경을 만들어 가고자 한다.

어린 시절을 떠올려 봐도 쓰레기에 대해 받은 교육이라고는 '분리배출'뿐이고, 분리배출이 답이라고 믿었지만 유용하게 재탄생되고 있지 않은 것이 현실이다. 재활용 업체에서는 재활용될 수 있는 것들을 다시 선별 작업해야 하며, 흔히 사용하는 일회용 테이크아웃 플라스틱 컵의 재활용률은 5%도 안 된다고 한다. 인간은 살면서 쓰레기를 발생시킬 수밖에 없는데 어떤 식으로 내 쓰레기를 줄일 수 있을지, 내가 사용하는 물건들이 버려지면 어떻게 되는지, 현실적인 내용을 보육과정에 포함시켜 어렸을 때부터 생활화시키고자 하였다.

어린이집 현관에 모아모아 병뚜껑을 모을 수 있는 통을 마련하여 아이들도 참여하고, 어린이집 주변 지역사회도 언제든지 참여할 수 있도록 공간을 지원하였다. 모은 병뚜껑은 아이들이 놀이처럼 패턴놀이 및 분류놀이를 통해 색깔별로 모아 알맹상점에 가서 재활용 휴지로 교환한다. 알맹상점은 가정과의 연계로 학부모, 원아와 함께 정기적으로 방문하고 있다.

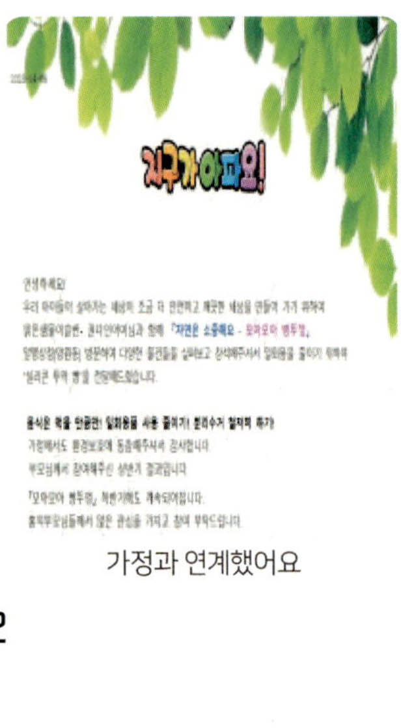

가정과 연계했어요

병뚜껑을 모아요

집에서 모아서 많이 가지고 왔어요

내가 넣어볼 거예요

색깔별로 분류하는 놀이를 해요

그 통은 파란색만 넣어

내가 좋아하는 색을 찾아야지

파란색끼리, 빨간색끼리 모아요

같은 색끼리 모았어요

여기는 알맹상점

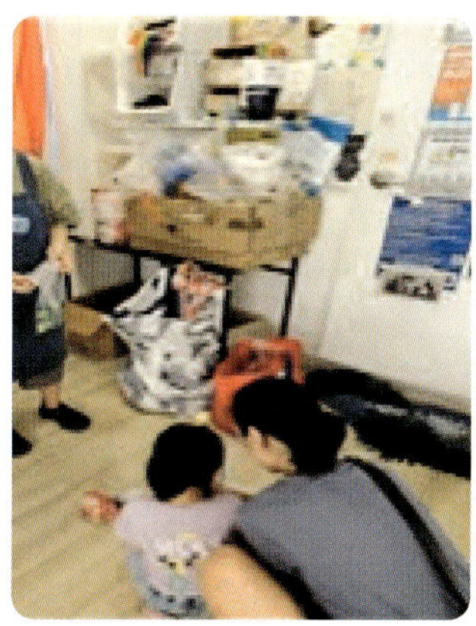
엄마와 함께 알맹상점에 왔어요

3 그린챌린지를 통해 변화된 모습

• 우리반의 변화

만 0세반 구조화된 놀잇감 대신 비구조화된 다양한 재활용품을 이용한 놀잇감에 더 많은 호기심을 가지고 놀이하는 모습을 보였다. 또 아나바다 공간에서 자신이 마음에 드는 인형이나 옷을 가지고 가고 싶다고 표현하였다.

만 1세반 다양한 재활용품을 모아서 놀잇감으로 사용하기도 하고 미술재료로 활용하여 만들기를 하였다. 가정에서 모아온 병뚜껑의 색이 여러 가지라는 것을 알고 색을 구분하는 놀이와 패턴놀이로 즐겼다. 또한 집에서 각종 재활용품을 자발적으로 가지고 오는 모습을 볼 수 있었다.

만 2세반 버려지는 음식물로 인해 지구가 아프다는 이야기를 듣고 잘 먹지 않던 채소, 과일의 껍질 등을 먹어보는 등 음식물을 남기지 않으려 하였다. 영아의 가정에서 사용하지 않는 물건(책, 신발, 옷, 인형 등)을 등원할 때 들고 와서 동생에게 주겠다고 표현하였다.

• 교직원의 변화

재활용품을 활용한 다양한 놀이를 할 수 있는 방법에 대해 동료 교사와 고민하고 다양한 재활용품 놀잇감을 만들어 영아에게 제공하게 되었다. 일상에서 화려한 일회성 포장 대신 밀폐용기와 보자기를 활용하고, 지역사회연계(알맹상점)를 통해 바른 분리배출 방법에 대해서도 고민하고 실천하였다.

• 부모의 변화

365일 아나바다 공간 조성을 통해 내 가정에서 사용하지 않는 물건이 다른 가정에서 유용하게 사용됨을 알고 자유롭게 이용하고 실천하였다. 밀폐용기와 보자기, 개인 물병 사용에 적극적으로 동참하였고, 올바른 분리배출 방법을 알고 실천하였다(재활용 가능하도록 병뚜껑 세척, 페트병 라벨 제거 등).

- 지구환경을 지키기 위하여 가정통신문도 1/2쪽 사용으로 프린터 용지를 절약하였다.
- 어린이집에서 제공하는 선물은 재활용이 가능한 종이와 다회용 용기를 사용하여 포장하고 다시 회수하여 사용하였다.
- 365일 아나바다를 통하여 작아진 옷을 물려주고 장난감 책 등을 서로 나눠서 사용하는 실천에 적극 참여하였다.

- 어린이집 텃밭에서 매일 자연과 만나는 아이들은 지렁이, 미생물 등 생태 순환에 이로운 생물에 관심을 가지게 되었다.
- 텃밭에서 가꾼 다양한 채소와 과일을 맛보면서 음식을 남기지 않고 먹기, 껍질째 먹기 등 식습관에도 긍정적인 변화를 가져왔다.
- 간식을 먹은 후 나온 일회용 용기를 버리지 않고 아이들이 직접 세척하여 놀잇감으로 사용하였더니 후에는 아이들이 스스로 용기를 씻어 오거나 가정에서 페트병, 휴지심 등을 가지고 와서 놀잇감으로 사용하는 변화가 있었다.
- 병뚜껑 모으기는 아이들이 뚜껑의 색을 구분하여 놀이하듯 분리하고 부모님의 참여로 기후 환경에 대한 인식 개선에 좋은 효과가 있었다.

이처럼 '나 하나쯤'이라는 생각에서 벗어나 '나 하나라도'라는 실천하는 마음으로 아이, 부모, 교사가 함께하였으며 자연이 하나되는 생명공동체, 사람과 사람이 더불어 사는 사람공동체에서 나아가 사회공동체 의식을 갖고 적극 지속해서 실천하였다. 건강한 지구 환경을 다음 세대에 물려주기 위하여 함께 끊임없이 노력할 것이다. 그리고 아이들에게 지구를 현명하게 관리할 수 있는 능력을 키워주기 위해 보육과정에 적극 반영(2024년에는 코로나19로 인해 사용했던 일회성 종이타올을 대신하여 개인용 수건 사용 예정)하여 아이들 스스로 지구 환경에 지속적으로 관심을 가지고 생활 속에서 실천할 수 있도록 다양한 프로그램을 개발하여야겠다.

2023 장려상 마포구육아종합지원센터

직장

SKY어린이집

원장 **김경희** | 교사 **최윤혜**

우수사례 명 **우리는 지구 지킴이**

진행 기간 | 2023년 4월~9월

관심의 시작 손을 씻은 후 사용하는 종이 타올에 대한 약속을 함께 지키기 위한 캠페인을 실시하면서 어린이와 교사와 부모가 함께 지구 지킴이가 되어 우리가 할 수 있는 일에 관심을 갖고 실천해 보게 되었다.

1 사전 준비 내용

● 교사의 고민

성장하며 부족함을 경험하지 않은 교사, 어린이, 부모 등은 어린이집 생활에서 자원이나 소모품을 아껴 써야 함을 인식하고 있지 않음을 자주 접하게 된다. 이들은 필요성을 생각해 보지 않았고 경험하지 않아 태도가 형성되지 않았기 때문인 것 같다. 다양한 방법으로 즐겁고 의미 있는 경험을 통해 그린챌린지의 근본적인 취지를 경험하고 관심을 갖게 하여 인식의 변화를 주고 싶었다.

● 교육적 지원

[자료]

- 그린챌린지 책자
- ESG 관련 교사 교육 자료
- 어린이집 일상의 절약이 가능한 부분에 대한 정리된 자료

[관찰 및 상호작용]

- ESG 관련 교육 자료를 통해 어린이의 입장에서 접근할 수 있는 방법에 대한 관찰과 논의
- 그린챌린지 책자를 통해 우리 어린이집에서 적용할 수 있는 부분 관찰과 논의

● 물리적 지원

[공간]

- 어린이집 입구의 전체 게시판
- 소모품 절약을 하는 화장실 공간
- 각 반 교실
- 교직원 사용하는 교재교구실

[시간]

- 캠페인마다 월별 미션으로 어린이집 일상의 시간 동안 지속적으로 실시

[가정과의 연계]

- 캠페인마다 어린이집에서 부모가 함께 실시하는 미션(스티커 붙이기 등)
- 일회용 장바구니 사용하기
- 다회용기 사용하기 등

2 그린챌린지 이야기

● '우리는 지구지킴이' 진행 단계

1단계	2단계	3단계	4단계	5단계
문제 인식하기	어린이집 전체 캠페인 진행	반별 캠페인 진행	가정연계 캠페인 진행	교직원 참여 캠페인 진행

4월 : 아껴 쓰기 캠페인 시작

"엄마! 종이 타올 한 장씩 사용해야지~ 왜 두 장을 써"

"응, 알았어. 오늘은 그냥 하자"

"엄마도 약속 지켜, 지구가 아퍼"

등원 시 화장실에서 손 씻기를 하며 가끔씩 이루어지는 대화 내용이다. 교사는 이 대화를 어린이들과 함께 공유하며 어떤 방법으로 부모님들에게 알려주면 좋을지 의논하였다.

어린이들의 의견은 '부모님들에게 크게 적어 알려주기', '동생들에게도 알려주기', '다 하고 나면 맛있는 과자 파티하기'를 하면 좋겠다고 의견을 모았다.

이에 교사는 아껴 쓰기 캠페인으로 진행할 수 있도록 준비하였고 동생들에게 화장실에서 손 씻을 때 아껴 써야 하는 것을 알려주며 캠페인을 시작하게 되었다.

[아껴 쓰기 캠페인의 약속]

1. 물 비누는 한 번만 눌러요
2. 페이퍼타올은 한 장만 사용해요
3. 약속을 지킨 어린이는 스티커를 붙여요

[4월 캠페인 평가]

- 화장실 페이퍼 타올과 물비누 아껴 쓰기 캠페인을 통해 어린이, 부모, 교직원이 자원을 아껴 써야 함을 인식하게 되었다.
- 캠페인 형식으로 하여 부모들에게 적극 동참하도록 하는 기회가 되었다.
- 수행한 것을 스티커로 부착하여 확실하게 행동을 지속할 수 있는 계기가 되었다.

6월 : 색종이 아껴 쓰기 캠페인

색종이 접기가 활발히 이루어지면서 새 색종이만을 사용하여 색종이가 금방 줄어드는 불편함이 발생하게 되었다. 이런 부분에 대해 어린이들과 어떻게 문제를 해결할 수 있을지 이야기를 나누며 교실에서 물건을 어떻게 아껴 쓸 수 있을지 의견을 모아보았다.

"1장만 사용해요" "그건 너무 적어"
"구겨진 색종이 통을 만들자"
"구겨진 색종이는 마음대로 쓰면 좋겠어요"
"색종이 말고 다른 종이로도 접기를 하면 돼요"

이런 이야기들을 바탕으로 어린이들과 함께 반에서의 색종이 아껴 쓰기 캠페인을 진행하였다.

어린이들이 정한 규칙은 ① 하루에 3장씩 사용하기, ② 더 필요할 경우 구겨진 색종이 사용하기로 결정되었다.

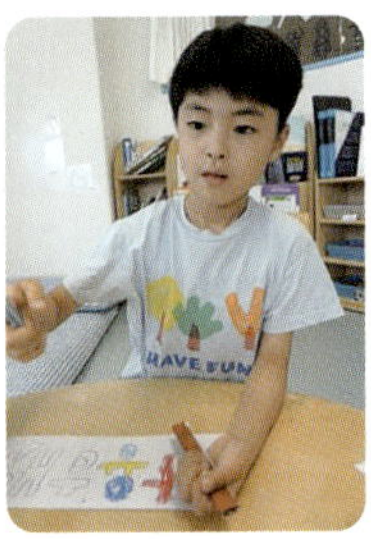

색종이 아껴 쓰기 포스터 만드는 모습

부착된 포스터와 구겨진 색종이 보관함

[6월 캠페인 평가]

- 색종이 아껴 쓰기 캠페인은 한정된 자원 사용에 대한 경험으로 그동안 사용하지 않았던 구겨진 종이에 대한 발견의 의미를 주었다.
- 구겨진 색종이 사용이 활발해지면서 구겨진 색종이도 없어진 상황에서 교실에 있던 크고 작은 다른 종이를 색종이로 이용하는 모습을 보여주고 있다.
- 연계하여 조각종이를 활용할 수 있는 다양한 놀이에 흥미를 보이며 색종이 아껴 쓰기가 종이 아껴 쓰기로 연계되고 있다.

7월 : 채소 사랑 캠페인

그린챌린지 캠페인 활동을 진행하며 어린이들이 채소를 사랑하는 것이 탄소중립 실천의 한 방법임을 알게 되어 채소에 대한 다양한 경험을 통해 어린이들이 지구 지킴이로 성장하도록 진행하였다.

1단계 : 간접 노출

채소 관련 그림 책 읽기 / 채소놀이 하기

채소와 친근한 만남을 위해 간접 매체인 동화책을 통해 즐거운 이야기로 만남을 시작하였으며 채소 모형으로 역할놀이가 이루어지도록 환경을 제공하여 어린이들이 간접적으로 채소를 만나는 경험을 갖게 되었다.

2단계 : 소극적 노출(지역사회 연계활동 포함)

마트에서 채소 구입하기

당근 뿔 놀이

파프리카 시장놀이

감자 심기

상추 파티 놀이

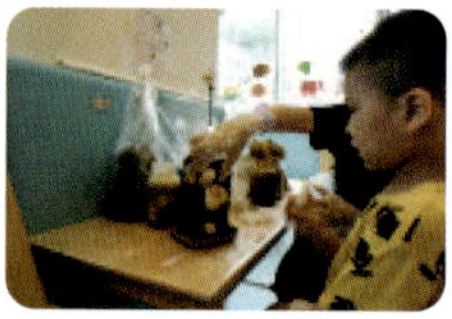

버섯 키우기

지역사회 연계활동으로 마트에서 채소를 구입하고 채소를 놀잇감으로 인식하여 놀이가 이어졌다(당근 뿔 만들기/파프리카 시장놀이/당근, 상추, 감자 키우기/채소 물감 찍기 등). 소극적 노출로 채소를 직접 만져보고 즐겁게 놀이하는 경험을 제공하였다.

3단계 : 적극적 노출(채소로 요리하기)

감자 샐러드 요리

버섯 냉 우동 샐러드

신호등 상추 샐러드

채소를 이용한 요리활동(감자 샐러드, 채소 샌드위치, 신호등 상추 샐러드, 버섯우동 등)으로 채소에 적극적으로 노출하여 직접 섭취를 할 수 있는 기회를 제공하였다.

요리활동을 통해 다양한 방법으로 채소를 직접 먹어보는 경험으로 이어질 수 있었다.

4단계 : 적극적 노출 연장으로 가정연계활동 실시

가정 텃밭 상추 키우기

신호등 샐러드

채소빵 요리하기

외출 시 다회용그릇 사용

가정에서도 채소를 다양하게 경험할 수 있도록 가정연계활동을 안내하여 진행하였고(채소 키우기, 채소를 이용한 놀이하기, 나만의 채소 요리, 채소를 맛있게 먹어요), 신호등 샐러드의 경우 가정에서 실시한 요리 중 가장 인기 있는 메뉴로 선정되어 어린이집에서 함께 요리활동을 진행하였다.

5단계 : 가정 및 지역사회 연계

탄소중립을 실천하는 다양한 방법을 고민하며 '채소 샌드위치'를 요리한 후 점심시간에 부모님과 도시락을 나누어 먹는 번개 데이트를 진행하였다. 사전에 가정에서 다회용 용기, 에코백을 요청드려 데이트 시간 동안 일회용품을 쓰지 않는 미션을 실천해 보았고, 주말 동안 가정에서 지킬 수 있는 탄소중립과 자원보존 약속을 만

들어 실천해 보았다.

또한 버섯을 탐색하는 활동으로 상황버섯으로 만든 버섯 비누로 손 씻기를 하였고 가정에서도 함께 사용하여 활동이 지속되도록 하였다. 지역사회와 연계하여 교실에서 키운 버섯을 점심 시간에 나온 어른들에게 나눠주며 '채식 사랑으로 지구 함께 지켜요'라는 캠페인을 실시하였다.

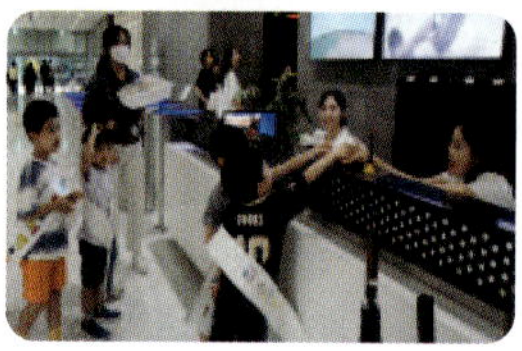

[7월 캠페인 평가]

- 채소를 주제로 지속적인 경험과 단계별 노출을 통해 어린이들이 다양한 식재료에 관심을 가지고 채식과 지구 지킴이 활동을 연계하여, 어린이들이 채소를 좋아하고 잘 먹는 것만으로도 지구를 지킬 수 있다는 것을 알게 되어 자신감을 갖는 모습을 접하게 되었다.
- 어린이들이 할 수 있는 다양한 실천적 환경보호 활동을 통하여 건강한 지구에 대해 많은 관심을 보이며 자발적이고 즐거운 캠페인 참여가 이루어질 수 있었다.

8월 : 업사이클링 캠페인

"그 종이는 내가 쓸게! 버리지 말아줘!!"

"근데 저 쓰레기로도 뭘 만들 수 있을 것 같은데!"

6월 색종이 아껴 쓰기 캠페인으로 인하여 자원에 대한 어린이들의 생각의 변화가 생기며, 버려지는 자원(재활용품, 사용 가능한 종이 등)에 대한 관심을 보이기 시작하였다. 버려지는 재활용품으로 새로운 놀이를 할 수 있을 것 같다는 어린이들의 의견을 모아 업사이클링 캠페인이 시작되었다.

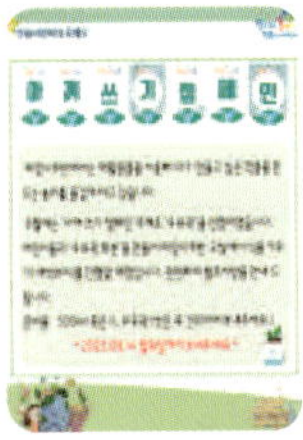

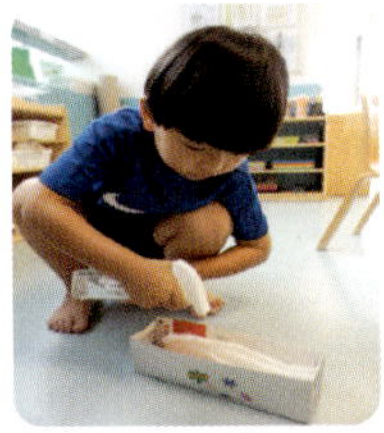

◀ 우유갑 화분

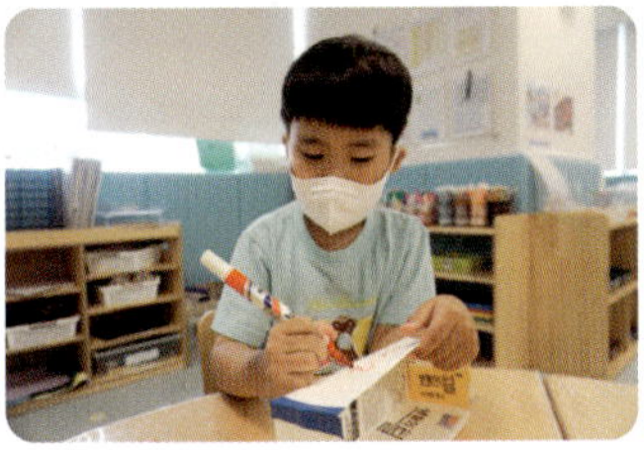

우유갑 소품 만들기

업사이클 환경구성

재활용품 만들기

다양한 재활용품 중 가장 익숙하게 접할 수 있는 우유갑, 과자상자 등에 관심을 보이며 재활용품을 새활용하기 위한 방법을 놀이로 표상하기 시작하였다. 그 과정을 통하여 우유갑은 종이에 비닐이 포장되어 있어 분리 배출을 할 때는 일반 종이와 따로 배출해야 하는 것을 알 수 있었다. 더불어 우유갑은 종이지만 코팅이 되어있고 물이 새지 않아 화분으로 사용할 수 있다는 것을 알고 화분 만들기를 진행하였다. 가정에서 가져온 우유갑에 새싹보리를 심고 재배하면서 매일 물을 주고 싹이 자라나는 과정을 관찰하며 자연의 순환에도 관심을 가지는 계기가 될 수 있었다.

유아반의 업사이클링 캠페인을 시작으로 영아반에서도 업사이클링 놀이가 이어졌다. 영아에게 익숙한 휴지심을 활용하여 시각, 촉각, 청각을 자극할 수 있는 오감 놀잇감을 만들어 가정과 연계하여 놀이하는 경험이 이어질 수 있었다.

[8월 캠페인 평가]

- 재활용, 새활용, 업사이클링이 일상이 되어가며 어린이들 스스로 버려지는 자원으로 무언가 만들 수 있지 않을까 고민하는 좋은 계기가 되었다.
- 버려지는 자원을 재활용하여 새로운 물건을 만들 수 있다는 것과 교실 내에서 활용되는 새활용된 물건을 통하여 성취감을 가질 수 있었으며, 새활용하는 방법에 대해 창의적인 아이디어와 생각을 표상하고 공유하는 과정을 경험할 수 있었다.

[교사실] 찾아 쓰기 캠페인

어린이집 교사 휴게실 공사를 진행하는 과정에서 개원한 후 7년 만에 교사실 및 비품실의 대대적인 정리가 이루어졌다. 개원 때부터 구입하여 사용되지 않고 있던 각종 소모품(모루, 폼폼이, 백업, 다량의 A3용지 등) 등이 여기저기서 나오기 시작했다.

7년 전 개원 때 구입하였지만 사용되지 않고 있던 각종 소모품(모루, 폼폼이, 백업, A3용지)

◀ 유아반 수업자료로 제공

8월 업사이클링과 연계한 ▶
만들기 자료로 활용

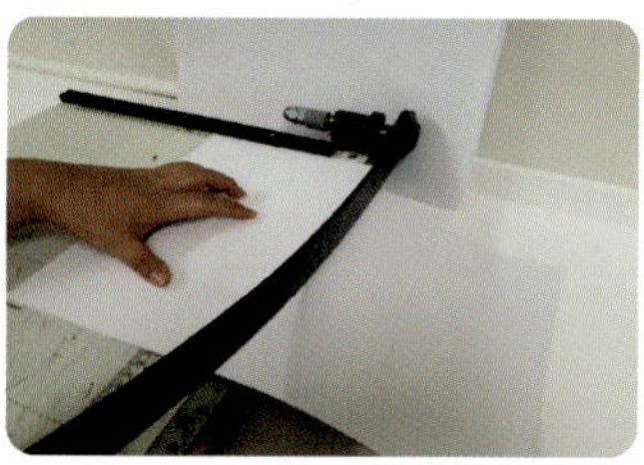

◀ 다량의 A3용지를 재단,
A4로 만들어 사용하기

교사들은 필요한 소모품을 구입하기 이전에 쌓여있고 숨어있던 소모품과 교재교구를 먼저 찾아 쓰는 캠페인을 제안하였고, 교사실 찾아 쓰기 캠페인이 실시되었다.

가장 많이 나왔지만 잘 사용되고 있지 않던 모루, 폼폼이 등의 꾸미기 자료는 유아반의 수업자료로 돌려주었고, 철사가 있는 모루를 안전하게 사용할 수 있는 만 4, 5세 어린이들이 8월 업사이클링과 연계하여 새로운 놀잇감 만들기로 놀이가 확장되어 이어질 수 있었다.

또한 A3용지는 사용하는 횟수가 적어 줄어 들지 않는 반면, A4용지는 문서출력, 가정용 문서 배부, 수업자료 등 다방면으로 사용되기에 A4용지는 늘 부족하기 마련이었다. 이에 A3용지를 재단하여 A4용지로 활용하기로 하였다.

[찾아 쓰기 캠페인 평가]

- 대부분의 교사들이 수업 및 업무를 할 때 필요한 물품을 주문하는 형식으로 비품을 구입하여 사용해 왔다. 이번 캠페인을 통하여 우리에게 주어진 물품을 어떻게 활용하여 사용할 것인가? 어린이들에게 자료를 어떻게 제공하여 놀이로 이어가게 할 수 있을까? 등을 고민하는 계기가 되었다.
- 어린이들과 부모를 대상으로 한 캠페인 외에도 교사들 스스로 지구를 지킬 수 있는 방법을 다양한 시각으로 바라보며 실천할 수 있는 좋은 기회가 될 수 있었다.

3 그린챌린지를 통해 변화된 모습

● 우리반의 변화

어린이 스스로 일상에서 사용되는 자원(휴지, 페이퍼 타올, 종이 등)을 아껴 써야 한다는 인식의 변화가 있었다. 아껴 써야 한다는 일차원적인 개념에서 다시 활용하기, 새롭게 사용하기 등의 업사이클의 개념을 알고 물건을 버리기 전 다각도로 자원을 바라보는 인식의 변화가 생겨났다. 더불어 손씻기, 양치, 마시는 물 등에서도 물을 아껴 써야 하는 근본적인 이유에 대해 알아보며 지구를 지키는 다양한 방법을 알고 행동을 실천하는 도전과제를 경험하며 성취감을 가질 수 있었다.

● 교직원의 변화

자원을 아껴 쓰는 방법의 일환으로 우리가 이미 가지고 있는 자료, 자원을 어떻게 다시 사용할 것인가에 대해 고민하는 계기가 되었다. 새로운 물품을 사는 것만이 정답이 아님을 알게 되며 다시 사용하기, 새롭게 활용하기를 교사 또한 실천하는 계기가 되었다. 더불어, 어린이들과 부모와 협업하여 환경을 보호하는 과정을 함께 경험하며 우리는 모두 지구 지킴이라는 유대감을 형성할 수 있게 되었다.

교사들의 인식 변화와 어린이들의 흥미가 자연스레 업사이클링 활동으로 이어지며 교실 내에 업사이클링 영역, 어린이들이 새롭게 만들어 낸 놀잇감으로 놀이하는 공간이 생겨나기도 하였다. 어린이집 공간 곳곳에 크고 작은 환경보호 캠페인과 탄소중립 실천을 위한 텃밭이 생겨나기도 하며 일상에서 환경보호를 위한 보육환경으로 변화되는 과정을 경험하게 되었다.

현재, 유아반에서는 그린챌린지 캠페인의 연계로 어린이들과 새활용된 물품, 사용하지 않는 장난감 등을 사고 팔 수 있는 플리마켓을 준비 중이며, 이 또한 교사 인식의 변화로 인한 달라진 보육환경이라 생각된다.

• 부모의 변화

가정에서 원으로 보내오는 물품의 대부분은 일회용 비닐, 지퍼백 등에 담겨왔다. 그린챌린지 캠페인을 진행하며 부모님들 또한 지구를 지키는 방법의 일환으로 일회용품 대신 영구사용 가능한 파우치, 가방 등을 이용하여 물품을 보내오기도 하며 가정에서 실천할 수 있는 다양한 방법으로 환경보호에 동참하게 되었다.

월별 새로운 캠페인을 통하여 하나의 자원을 새롭게 바라보고 아껴 쓰는 것에 집중하였다. 앞으로는 우리가 월별 캠페인으로 진행하였던 환경보호 캠페인이 1년의 과정 속에서 가정, 보육현장 등 우리의 삶 속에 녹아들어 습관이 될 수 있도록 지속적인 관심과 독려를 위한 방법을 모색해서 진행된다면 환경보호에 작게나마 기여할 것으로 생각된다.

6 공모전 수상을 위한 TIP!

현장의 기관에서는 매년 다양한 주관처에서 주최하는 공모전에 관심이 매우 높다. 꼭 수상을 목적으로 참여하는 것은 아니지만, 현재의 프로그램이나 사례의 수준을 대외적으로 인정받고 공인받으려는 목적이 더 높다고 볼 수 있다. 다음은 공모전에 참여하기 전 공고문 분석과 심사의 기준을 이해할 수 있도록 도움말을 제시하고자 한다. 예시로 2023년에 실시한 마포구 그린챌린지 공모전의 심사를 기준으로 살펴보고자 한다.

심사 내용

심사항목		세부 내용	배점
1차		• 접수기간 및 제출서류·양식을 준수하였는가?	10
2차	적합성	• 영유아·놀이중심 보육과정에 기초하여 환경보호 실천사례가 운영되었는가?	30
	적용 가능성	• 어린이집의 상황과 여건을 고려한 실천사례로서 향후 관내 어린이집 활용 및 동료교사들이 쉽게 이해하고 적용해 볼 수 있는가?	30
	즐거움	• 환경보호 실천에 참여한 영유아와 교사, 가정이 즐거움으로 느끼고 일회성 행사가 아닌 실천사례를 지속하고자 하였는가?	20
	창의성	• 독창적이고 차별성 있는 내용으로 실천사례가 구성되었는가?	10
총 점			100

|그림 2-1| 공모전 심사 기준 예시

그린챌린지의 공고서를 살펴보면 심사의 기준을 다음과 같이 제시하고 있다. 1차 접수기간 및 제출서류·양식 준수에 기본 10점을 반영하고 있다. 이는 접수기간 내에 제출하였는가, 제출서류는 제시한 기준을 모두 적합하게 따르고 있는가에 대한 기본 점수로 대부분 기본 점수 10점에 대해서 감점보다는 1차 탈락이냐, 합격이냐를 정하는 기준으로 볼 수 있다.

2차 적합성은 영유아·놀이중심 보육과정에 기초하여 환경보호 실천사례가 운영되었는가에 대해 30점을 배정하였다. 적용 가능성은 어린이집의 상황과 여건을 고려한 실천사례로서, 향후 관내 어린이집 활용 및 동료교사들이 쉽게 이해하고 적용해 볼 수 있는가에 대해 30점을 배정하였다. 즐거움은 환경보호 실천에 참여한 영유아와 교사, 가정이 즐거움으로 느끼고 일회성 행사가 아닌 실천사례를 지속하고자 하였는가에 대해 20점을 배정하였다. 마지막으로 창의성은 독창적이고 차별성 있는 내용으로 실천사례가 구성되었는가에 대해 10점을 배정하였다. 이 기준으로 적합성에 대한 공모전 수상을 위한 TIP을 살펴보자.

첫째, 적합성은 현재 놀이중심의 교육과정과 연결이 잘 되고 있느냐를 말한다. 놀이중심은 교사가 주도하지 않고 영유아의 관심과 흥미로 시작되는 다양한 놀이주제와의 연결성을 의미한다. 놀이중심 교육과정 속의 교사역할은 크게 시간, 공간, 자료, 상호작용, 안전으로 구분한다. 즉, 놀이가 일어나는 중요한 요소는 시간, 공간, 자료를 근간으로 한다. 프로그램 사례 속에서의 놀이주제나 놀이공간, 놀이자료들이 교사의 주도로 제시되고 있는가에 대한 부분을 잘 확인해 볼 필요가 있다.

둘째, 적용 가능성은 영아만 있는 어린이집, 영유아반이 연계 되어 있는 어린이집 등 각 기관별 특성에만 의존하는 사례가 아니어야 한다. 사례로 선정되어 타 기관에 적용될 때 한 연령에만 집중된 놀이인지 혹은 연령 간 연계가 가능한 놀이인지, 유아와 교사 중심의 단위활동으로만 구성되었는지 등이 심사기준에 많은 영향을 미친다. 즉, 2차에서 30점 배점은 적합성과 적용 가능성 두 항목임을 볼 때, 우수사례로 선정하는 가장 중요한 요소는 타 기관에도 보편적으로 적용이 용이하여 모든 영유아들이 다시 한번 경험해 볼 수 있는 수월성이 있느냐의 관점으로 볼 수 있다.

셋째, 즐거움은 사실상 지속성과 가정연계적인 고려를 20점으로 보겠다는 것이다. 영유아의 놀이가 흥미를 유지하고 영유아가 주도하고 결정할 수 있는 유능함은 결과론적으로 기관과 가정 간의 지속적인 연계, 즉 기관에서도 즐겁고, 가정에서도 즐거운가에 대한 관점을 말하는 것이다. 보통 공모전을 준비하면서 뭔가 차별화되고 고급화된 것을 추진하기 위해서 일상적인 내용보다는 특별한 1회적인 내용이 많이 출품되어 이 항목에서 많은 감점이 있었음을 살펴볼 때에 가정과 기관 간 연계, 교육은 영유아 보육-교육기관이 항상 파트너로서의 부모와 가정의 중요성을 간과하면 안 된다는 중요한 포인트를 제시한다.

넷째, 창의성은 사실상 대상, 최우수상, 우수상등 수상권 안에서 결정해 두고 마지막에 10점 부분에서 감점으로 그 수상작의 위계를 결정하는 데 반영되는 부분이다. 이 사례는 한 연령에만 집중되어 할 것인가, 하나의 주제가 각 연령으로 보편적으로 확장될 수 있고 연계될 수 있도록 구성하였는가, 혹은 아주 일상적인 부분을 집중해서 들여다보았는가, 일상에서 쉽게 지나칠 수 있어서 강조되지 못한 내용을 차별적으로 집중하고 있는가 등을 집중적으로 평가한다. 편집의 기술역량 차이, 사진자료의 활용, 통계자료의 활용, 가정연계 만족도 조사 결과, 교사의 반성적 저널 등 누구나 동일한 활동을 마치고 난 후 기본 데이터를 바탕으로 어떻게 전달력 있게 재구성하였고, 창의적인 아이디어를 반영하고 있는가에 대한 세부적인 노력을 들여다본다.

다음 제3부에서는 ESG 교육을 선도하여 실천하는 강남구육아종합지원센터가 추진한 사례를 소개하고, ESG 프로그램 이외의 다양한 어린이집 운영사례의 노하우를 통해 향후 현장에서 적용해 볼 수 있는 참고자료들을 소개하고자 한다.

PART 3

또 다른 ESG(으쓱) 놀이 이야기들 살펴보기

1 '그린챌린지'의 다양한 실천 사례

1) 강남구육아종합지원센터

강남구는 2023년부터 관내 어린이집을 대상으로 영유아와 가정, 기관에서 그린챌린지를 실천하는 사업을 꾸준히 진행하고 있다. 강남구는 영유아가 건강하게 살아갈 수 있도록 더 나은 환경을 물려주는 것이 최우선적 과제라는 목표 아래 사회적 ESG 경영을 실천하고, 환경보호와 자원보존의 주도적 참여를 지원하기 위해 노력하고 있다. 이를 위해 '아이와 함께하는 그린챌린지' 책자를 배포하여 실제 가정과 기관에서 직접 실천적 노력을 기반으로 한 우수한 실천 사례들을 발굴하고 확산하고자 우수 환경 보육프로그램 실천사례전, 정크아트 & 업사이클링 작품전, 지구와 환경 포스터 그리기, 자연친화·환경보호 사진전의 4개 부문으로 추진하고 있다. 이러한 실천사례를 통해 현장의 보육교직원들과 가정이 환경보호와 보존에 대한 책임감을 가지고 노력하고 있음이 확인된다.

그린챌린지는 실천의 방향성(환경보호 실천방향 취지, 지속가능성), 적합성(연령별 수준, 실천가능), 활용성(일반화, 수월함), 참여성(영유아중심), 연계성(상호연계)으로 구분하여 추진되었으며, 특히 어린 영아들도 가정연계로 부모의 인식 개선과 참여도를 통해 일상생활에서 쉽게 환경보호를 실천할 수 있는 사례도 소개하고 있다.

정크아트 & 업사이클링 작품전의 경우 영유아 수준에 적합한가에 대한 부분을 중심으로 독창적인 표현과 작품의 완성도가 영유아 수준에서 표현되었는가를 확인할 수 있으며, 지구와 환경 포스터 그리기의 경우는 영유아 관점에서의 표현의 재미와 강조하고 싶은 포인트를 충분히 전달하고 있다. 또한 포스터의 특성상 재활용 소재를 적극적으로 제시하고 있는가에 대한 현장의 아이디어도 배워볼 수 있다. 자연친화·환경보호 사진전의 경우는 인물의 표정 및 감정의 전달과 일상에서 나타나는 자연스러움에 대해서도 배움의 기회가 된다.

강남구육아종합지원센터 홈페이지 > 커뮤니티 > 자료실

https://www.gncare.go.kr/main/main.php

2023년에 실시한 프로그램 공모전 대상 '연화어린이집'의 우수 사례는 다음과 같다(강남구육아종합지원센터, 2023).

2(이것만은) **0**(제로), **2**(이번달은) **3**(세가지)
연화 **E**(아이)**S**(세상)**G**(지킴이)

프로그램 개요

2023 연화 ESG(아이·세상·지킴이)이란?

'환경의 날'을 함께 관심을 가지고 환경보호를 실천하고자 2023 슬로건 『2이것만은 0제로 2이번 달은 3셋(어린이집, 지역, 가정)이 지켜요』 연화어린이집 영유아들의 세상 지킴이 활동을 실천하는 프로그램

- **목적** : 어린이집, 가정, 지역과 함께 우리가 사는 세상을 지키기 위한 방법을 알고, 매달 환경의 날의 메시지 동참과 창의 놀이 구현
- **실시기간** : 2023년 3월 ~ 2024년 2월 예정(현재 9월 진행 중)
- **대상** : 만 0세 ~ 만 5세 영유아 및 가정

진행 과정

1단계	2단계	3단계	4단계	5단계
ESG프로그램 밑거름 다지기	초록(ESG) 씨앗 심기	초록(ESG) 새싹 키우기	초록(ESG) 열매 맺기	ESG프로그램 평가
환경의 날 알기	환경의 날 의미를 알고 실천	가정·지역 연계 환경의 날 실천	환경을 생각하는 창의적인 놀이	영유아, 부모 교사

자세한 내용은 강남구육아종합지원센터 자료실 자료집에서 확인할 수 있다.

2) 마포 우수기관의 다양한 실천사례

① 도화어린이집

연 령	특색 프로그램
1세반	생태·오감놀이
2세반	생태·오감놀이
3세반	컬러데이
4·5세반(장애)	놀이를 따라가요 / 생태교육
공통	힐링맘 수다방, 오픈하우스, 가족과 점심먹기, 학부모 직업체험 연합가족운동회, 학부모 일일교사·자원봉사, 책 읽는 캥거루

도화어린이집은 총정원 65명의 어린이집으로 각 연령별 특색프로그램을 운영하며 발달연령에 맞는 프로그램을 통하여 영유아의 전인적 발달과 성장을 지원함.

미끌미끌 미역 놀이

미역을 다양한 방법으로 탐색하고 감각으로 느껴보며 오감놀이가 이루어졌어요. 마른 미역으로 손으로 만져보며 촉감을 느껴보고 "이건 까칠까칠해" 하고 언어로 내가 느낀 느낌에 대해 표현해보았어요.

미역을 그릇에 옮겨 담으며 "이건 미역국이야!먹어봐" 경험을 이야기하며 맛있는 미역요리를 만들며 확장하여 오감놀이가 이루어졌답니다.

미역을 영아들이 직접 만지고, 느끼고, 냄새를 맡고, 움직여보면서 자신만의 방법으로 감각적 경험을 해보았어요. 일상과 경험을 통합하여 감각을 이용한 놀이에 즐거움을 느껴보고 물체를 다양한 방법으로 탐색하는 경험을 해보았습니다.

우리들의 컬러데이

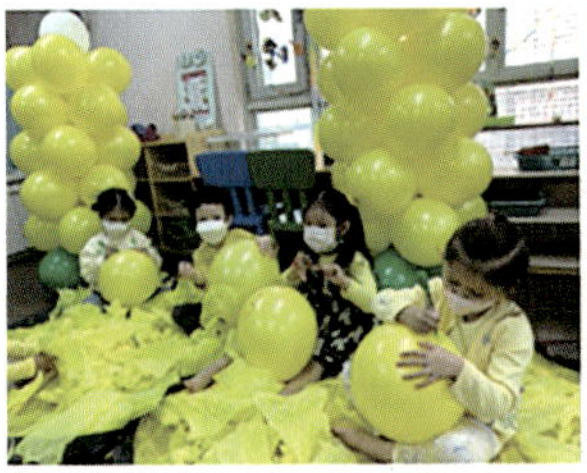

[옐로우데이]
봄에 어울리는 색은 무엇일까~?
노랑나비, 노란꽃을 생각하며 시작된 옐로우데이!
노란색 풍선에 그림을 자유롭게 그리고,
우리 어린이집에서 노란색 놀잇감을 모두 찾아
미세한 노란색의 차이를 느끼고, 우리가 찾은 만큼의
놀잇감 수를 세어 보기도 하였어요!

[레드데이]
우리의 패션쇼는 레드!
런웨이를 빨간색을 찾아 만들어보고,
우리가 직접 만든 패션쇼에 형님들을 초대해보았습니다.
빨간색의 같은 옷을 입고, 각 국가의 나라를 맡아
특징을 표현하였어요!
빨간색으로 물들인 레드패션쇼 였답니다.

[그린데이]
초록초록 우리 몸에 건강한 채소 보물찾기!
꼭꼭 숨겨진 채소카드를 찾아 보물찾기를 해보고
내가 찾은 채소를 친구들에게 설명해주었습니다.
새롭게 알게 된 채소에도 관심을 가지고,
초록색 채소에 친근감을 가지게 되었어요!

[블루데이]
사랑반 블루 워터파크!
습자지를 찢어 물을 만들어보고, 물속에 살고 있는
물고기를 넣어 같이 수영놀이를 즐겼습니다.
시원한 파란색의 색감을 느끼며 물고기 잡기 놀이를
하였어요!

[레인보우데이]
컬러데이 마지막 색은 레인보우데이입니다!
여러가지 색을 경험하는 컬러데이에서는 색에 대한 다양한
경험과 색이 가지고 있는 변화와 특성에 대해서 경험해보고
또래들과 공통된 일체감을 느껴볼 수 있는 시간이였습니다.

'푸드트럭'이 열렸어요

푸드트럭 사장님이 직접 요리해요~

푸드트럭에서 음식을 구매해요!

푸드트럭에서 구매한 음식을 다같이 먹어요~!

여행을 다녀오며 비행기, 기차, 자동차에서 맛있게 먹은 경험을 생각하며 푸드트럭 놀이가 시작되었습니다.
푸드트럭에서 팔고 싶은 음식을 직접 색종이로 접어서 판매하고, 주문을 위해 간판도 만들었습니다.
손님들은 간판을 보면서 음식을 주문하고, 푸드트럭 사장님은 친절하게 계산을 합니다.
푸드트럭에서 구매한 음식은 직접 마련해둔 테이블 위해서 맛있게 먹으며 여행놀이도 함께 즐겼습니다.

푸드트럭 간판 만들기

푸드트럭은 우리 친구들이 떠난 여행지로도 배달을 합니다.
어디든 배달해주는 기사님께서 주문을 받아 배달해주며 놀이가 확장되고,
푸드트럭에서 직접 요리사가 되어 만든 따끈따끈한 음식을 바로 판매해보았습니다.

직접 판매할 음식과 간판을 만들어요!

도화 아름다운 가게로 초대해요

유아들과 생태 활동을 하며 '리사이클링'활동에 대해 알아본 후 유아들이 직접 교실에 있는 다양한 플라스틱병을 활용하여 주스컵을 만들고 직접 물감을 활용하여 알록달록 쥬스를 만들며 쥬스 가게 놀이로 확장됩니다.

유아들이 직접 만든 주스에 직접 라벨지를 활용하여 주스 이름 및 과일 그림을 그린 후 가게 간판대에 진열합니다. 서로 손님과 가게 사장 역할을 정한 후 가게 놀이가 진행되었습니다.
가게에 파는 다양한 음료 및 디저트를 직접 그림으로 그리고 금액을 적은 가게 메뉴판을 만들어 가게놀이가 확장되는 모습을 보입니다.

유아들의 가게 놀이 활동은 동생들과 연계하고 가정으로도 연계하는 활동으로 확장되어 진행하였습니다. 유아들이 동생들에게 직접 쿠폰을 받고 물건을 전달하면서 사회적 기술과 직업체험을 경험해보고 동생반에 대한 배려심도 배우며 친사회적행동을 경험해 보는 시간을 가졌습니다.

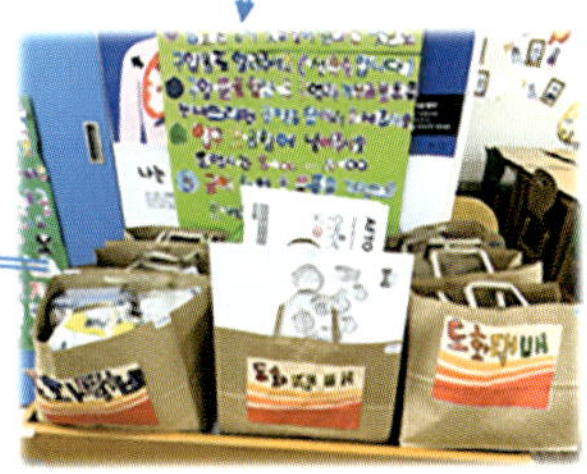

가정과 연계 활동으로 가정에서 주문한 물건을 유아들이 직접 택배 송장을 만들고 물건을 담은 후 학급별로 배달하고 기부금 모으기 활동으로 전개되었습니다.
함께 모은 기부금을 직접 기부한 후 어떻게 사용되는지에 대해 알아보고 복지재단에서 하는 일에 대해 알고 지역사회연계활동으로 이어졌습니다.

가족참여

「오픈하우스」

- **목적** : 영유아들이 사용하는 교실을 돌아보며 다양한 체험을 하며 가족과 함께 흥미로운 활동을 경험함.
- **내용** : 공간별로 이용할 수 있는 프로그램 시간표를 제공하여 가족과 함께 각 코너를 자유롭게 이동하며 체험함.

- 강당에서 진행되는 체육활동을 다른 가족들과 함께 경험하고, 다양한 게임활동을 즐김.
- 직접 경험한 작품을 가정으로 가져갈 수 있도록 하고, 새롭게 만난 가족들과 의사소통으로 친근함을 조성함.

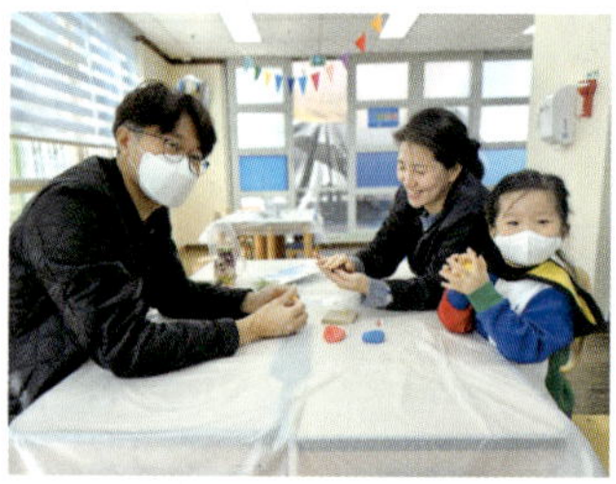

「가족과 점심먹기」

- **목적** : 자녀와 함께 어린이집에서 점심 먹는 과정에 참여하면서 어린이집 식단 및 점심 배식 과정, 자녀의 식습관을 알아볼 수 있는 시간을 가짐.
- **내용** : 학급별 점심먹기 일정을 가정으로 공지하여 참여할 수 있는 시간을 조율함. 직접 자녀의 배식을 경험하고 어린이집에서 급식의 양, 먹는 습관을 경험해 보는 시간을 가짐.

② 동심어린이집

연 령	특색 프로그램
0세반	오감자극 오감Day
1세반	옥상텃밭 나는야 도시농부(작물 키우기-요리연계) 성산천 자연이랑 놀자(숲 전문가와 함께하는 생태놀이) 그림책 놀이터에서 놀자(아름드리 작은 도서관 연계 문해력 놀이)
2세반	
3세반	
4세반	
5세반	

- 서울 한복판에 한강을 끼고 근처에는 홍제천으로 유명한 성산천이 있는 자연친화적인 곳, 평평한 지형을 가지고 있어 아이 키우기 좋은 망원동에 아기자기하게 위치해 있는 교육부 선정 (가칭)영·유아학교 시범운영기관 '동심어린이집'.

- 동심어린이집은 0세부터 5세까지 전체 연령을 아우르는 기관으로 영유아들의 폭넓은 대인관계를 경험할 수 있으며, 각 연령별 발달 특성에 맞게 체계적이며 단계적으로 전인발달을 도울 수 있는 교육프로그램을 실천하고 있음.

- 각 연령별 발달 특성과 교육과정을 연계한 포트폴리오 평가결과를 학부모 상담 시 활용, 학기말에 제공하여 자녀의 발달 특성을 이해하는 데 도움을 주고 있음.

- '옥상 텃밭'을 활용한 생태프로그램을 매년 실시해 오고 있으며, 영유아들은 이 옥상 텃밭활동이 익숙해 간식시간에 나온 과일의 씨앗을 발견하고-탐색과 토의를 통해 발아시키고-꾸준히 물을 주고 자라게 하여-

마침내 맺은 열매를 동생반 친구들과 나누어 먹는 일련의 과정을 교사가 '발견'하고 '지지'해 주고 '지원'해 주어 교육과정 내에 녹여냄.

• 우리는 이렇게 '유아들이 주도하는 놀이 속에서 자연스러운 놀이확장, 그리고 교사의 지원'이라는 과정을 통해 유아들이 삶의 가치와 의미를 스스로 발견하고 성장할 수 있는 행복한 배움을 매일 실천해 나가고 있음.

일 자	내 용
2002	동심어린이집 설립
2008. 4. 1	동심영재어린이집 설립
2017. 5. 29	동심어린이집·동심영재어린이집 통합
2018. 12. 14	평가인증 4차 재공인
2023. 8. 1	평가제 A등급 / 시범평가제 참여(10월)
2023. 12	서울시 우수보육프로그램 공모전 수상, 사진전 수상 마포구육아종합지원센터 그린챌린지 공모전 수상
2024. 2	마포형 어린이집 공인 아토피·천식 안심학교 지정
2024. 9	2024(가칭)영유아학교 시범운영기관 지정

영유아학교 시범운영기관

동심어린이집

• **원훈**

바른 마음 갖고 고운 꿈 키워가는 지혜로운 어린이

어린이집
놀이를 통해 배움을 키워가는 행복한 어린이집

교사
영·유아를 사랑하고 부모를 배려하며 전문적 역량강화로 성장하는 교사

영·유아
놀이를 통해 행복하게 배우고 성장하는 영·유아

부모
어린이집을 신뢰하고 교사를 존중하며 자녀를 기다려주는 부모

• **학급현황**

만0세 **행복**이 가득한 **반** 1:2 (2학급)

만1세 **사랑**이 가득한 **반** 1:5 (2학급)

만2세 **기쁨**이 가득한 **반** 1:7 (2학급)

만3세 **웃음**이 가득한 **반** 1:15 (1학급)

만4세 **희망**이 가득한 **반** 1:9 (1학급)

만5세 **지혜**가 가득한 **반** 1:15 (1학급)

• **교육의 방향**

영·유아들이 주도하는 놀이 → 교사의 지원 → 놀이 확장

▼

삶의 가치와 의미를 스스로 발견, 성장할 수 있는
행복한 배움

간식으로 나온 참외를 먹으며
"참외씨를 심으면 진짜 참외가 나올까?"하는
친구들의 이야기에 **"궁금하면 해 보면 되지!"**
선생님과 함께 참외씨 발아하는 방법을 검색해봅니다.
통통한 참외 씨를 골라 발아시키고, 우리 원 옥상텃밭에 가 흙에 심었습니다.
매일 당번을 정해 물을 주며 싹이 자라고, 줄기가 자라고 꽃이 피는 모습을
확인하던 우리는 조그마한 참외 열매가 뿅 나타났을 때 너무 신났어요!
그리고 8월의 어느 날! 드디어 노랗고 커다란 참외를 수확했어요.
조금 못나고 생각보다는 덜 단 참외였지만,
우리가 키운 참외이기에 세상에서 제일 맛있었어요!

• **동심어린이집 공통 교육과정**

유아·놀이중심 교육철학에 기반한 교육과정 운영

가치교육
프로그램이 아닌
- 도덕적 가치
- 사회적 책임
- 정서적 발달
- 문제해결력/소통

환경교육
일상 및 놀이속에서 지속하는 환경활동
- 옥상텃밭 활동
- 성산천생태체험 (자연의벗연구소)

문해교육
유아기 때부터 중요한 기초문해력 기르기
- 발달에 적합한 다양한 방법
- 소리내어 책읽기
- 다채로운 문해놀이
- 도서관연계 프로그램

이음교육
'삶의 이음으로 만들어가는 행복한 미래교육'
- 교육적 경험의 연속성
- 연령 간 이음
- 유-초이음교육 (망원초등학교)

• **마포형어린이집 공인**

동심 어린이집은 일정 요건 (회계의 투명성, 우수한 교육프로그램, 교사 자격 기준 등)을 갖춘 마포구 관내 우수기관으로써 2024년 마포형어린이집으로 선정되었습니다.

• **2024 (가칭)영·유아학교 시범운영기관 선정**

교육부 서울특별시교육청

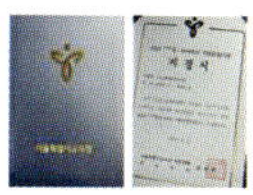

교육부 서울특별시교육청

2024년도 (가칭)영·유아학교 시범운영기관으로

매일 행복한 성장을 하는 우리의 이야기

1.수요맞춤 교육·보육 프로그램 강화

우리의 놀이는 이렇게 다양해졌어요.

• 성산천 자연이랑 놀자 전문강사와 함께하는 생태놀이

• 망원2동 아름드리 작은도서관 MOU '이달의 책을 소개합니다'

우리는 매달 아름드리 작은도서관에서 책을 읽어요.
이번에는 사서 선생님이 '올빼미 기사'라는 동화를 들려주셨는데요.
멋진 기사 이야기가 너무 재미있어 우리도 기사가 되기로 했어요!
창과 방패도 만들구요, 열심히 말타는 훈련도 했답니다.
우리 희망 기사단 정말 멋지죠?

• 유-초 이음교육

* 망원초등학교 1학년 학급과 연계하여 공동수업 진행
* 초등통합교과 교육내용 연계활동

망원초등학교 1학년 형님들이랑 같이 초등학교 통합교과 '상상'이라는 주제로
재미있는 공동수업을 했어요. 형님들의 초대를 받아 학교에도 다녀왔어요!
초등학교에 가면 어떻게 지내는지 1학년 눈높이에 맞는 이야기로 더욱 이해하기 쉬웠답니다!

• 유-보 이음교육

* 4-5세 진급 교사협의회
* 함께하는 신체활동
* 안정적인 진급 위한 단체 발달선별검사실시 (마포구 육아종합지원센터 협력)

2.부모 맞춤 연수, 힐링 프로그램 지원

부모님들도 다양한 방법으로
힐링하고, 배우며, 성장했습니다.

부모힐링 소모임

부모교육(긍정훈육/성교육)

부모교육
만족도 & 후기
설문조사

좋은 프로그램을 들을 수 있어서 좋았어요.

시간이 부족할만큼 너무 좋은 프로그램이었습니다.
다시 한번 긍정훈육 프로그램을 해주시면 좋을 듯 합니다.

3.교원 역량 강화

선생님들은 오후연구시간을 활용해 연구에
집중할 수 있어 전문성이 더 향상되었지요.

오후시간에 마음 편히
연구할 수 있어서,
선생님들과 협의할 수 있어서
너무 좋아요!

전문컨설팅을 원내에서
편히 받을 수 있어 좋았고,
다양한 연수를 들으며
교사로서 많이 성장했습니다!

* 포트폴리오 컨설팅(성결대학교 부속유치원)
* 교원학습공동체
  긍정적 정서지원 / 유아교육과 교수님 초빙 교육과정 컨설팅 지원
* 개인별 자율연수 지원

동심어린이집

③ 서울서부지방법원어린이집

연 령	특색 프로그램
0, 1세반	아자!(아이는 아빠와 함께 자란다)
2세반	놀이로 자라는 마음(놀心)
3세반	그림책을 통한 '창의 예술놀이'
4, 5세반	푸른솔 서울 견문록

서울서부지방법원어린이집은 총정원 49명의 어린이집으로 각 연령별 특색프로그램을 운영하고 있음. 그중에서 3세반 그림책을 통한 '창의 예술놀이' 프로그램을 소개하고자 함.

사회적 흐름에 따라 저탄소가 중요한 가치로 평가되면서 유아들의 삶 속에도 저탄소, 환경 문제에 대해 유아들이 좋아하는 그림책이라는 하나의 매체를 통해 앞으로 나아갈 세상을 배우고 자신의 상상으로 간접 경험이 생활 속에서 직접 경험으로 이어질 수 있다는 것을 배우게 되었음.

쓸모 없는 과자봉지가 변신하는 과정을 통해 우리가 살아가는 지구를 위하여 할 수 있는 일을 찾아보고 우리가 버리는 쓰레기도 다시 사용할 수 있다는 것을 알고 배우며 놀이가 이루어졌음. 또한 자연을 보호하고 재활용을 실천하는 태도를 형성할 수 있었음.

아이들은 하루 일과를 보내며 다양한 상황과 놀이, 관계를 형성하고 있음. 언어가 유창해지고 자기주장이 강해지면서 나의 생각이 돋보여지길 원하며 친구와의 생각이 다를 때 서로 상처 주는 말로 속상해하기도 함.

이에 그림책『동쪽 괴물 서쪽 괴물』속 등장인물을 통해 서로의 의견과 생각이 다를 수 있음을 간접 경험하고 서로의 의견을 존중하며 긍정적인 방법으로 갈등 상황을 풀어가는 연습을 해보려고 함.

직접 동쪽 괴물과 서쪽 괴물이 되어 그림책 속 장면처럼 커다란 상자산 구멍 사이로 친구에게 하고 싶은 말, 기분 좋은 말 등을 나누어 보고 동쪽 괴물과 서쪽 괴물 팀으로 나누어 그림책 속 돌멩이 대신 볼풀공을 던지며 산을 허물어 보는 게임과 메모리 카드 게임을 하며 게임 규칙에 맞춰 선의의 경쟁도 경험해 보았음. 동쪽 괴물과 서쪽 괴물처럼 생각과 표현하는 것이 다른 맑은샘 친구들은 때론 오해가 생기고 속상해할 때가 있음.

앞으로도 서로 달라서 생기는 갈등과 오해를 잘 해결할 수 있도록 지속적으로 이야기 나눔.

④ 삼성SDS 꿈토란어린이집

연 령	특색 프로그램
1세반	영아 식습관교육 - 깍두기, 직접 담그다
2세반	올바른 기본생활습관 형성 - 생활통통 습관똑똑
3세반	유아반 연령연계 활동 - 제1회 꿈토란 올림픽
4, 5세반	ESG 프로그램 - Let's Reduce Up To zero

삼성SDS 꿈토란어린이집은 총정원 46명의 어린이집으로 각 연령별 특색 프로그램을 운영하고 있음. 그중에서 만 1세반 영아 식습관교육 프로그램, 유아반 연령연계 활동 프로그램, 만 4, 5세반 ESG 프로그램을 소개함.

[만 1세 영아 식습관교육 '깍두기, 직접 담그다']

김장놀이를 통해 김치에 대해 알아보고 오감으로 탐색하는 놀이를 경험하며, 직접 만든 깍두기를 맛보는 과정에서 음식을 즐겁게 먹는 경험을 함.

① 가정과 연계한 '김장룩' 패션쇼를 개최하여 김장에 알맞은 옷 입어보기
② 다양한 오감 재료를 사용하여 김치를 만드는 과정을 탐색하기
③ 가장 선호하는 김치 중 깍두기를 직접 만드는 과정을 오감으로 경험하기
④ 직접 담근 깍두기를 가정에서 가족들과 나누어 먹으며 성취감과 즐거움 느끼기

소담 김장 패션쇼

색모래로 김장해요

완충재로 김장해요

깍두기, 직접 담그다

가정연계 <함께 먹어요>

부모님의 글

기가 깍두기 담갔다고 자랑도 하고 뿌듯해 하더라구요~
I랑 저는 맛있게 먹었는데 는 매워했어요 ㅎㅎㅎ
소담반김치 또 없나요?😀

엄마
1월 10일 금요일

안녕하세요! 가 직접 만든 깍두기를 어제 저녁 온가족이 먹어보았습니다. 가 좋아하는 공룡모양 깍두기랑 토끼모양 깍두기도 찾아보며 재미있는 식사시간이었어요!
너무너무 신기하게 김치맛이 나는데 별로 안 맵고 맛있더라고요~ 고춧가루 김치에 생애 처음 도전한 이도 맛있게 잘 먹었습니다. 좋은 시간 선물해주셔서 감사합니다!🥰❤️

[유아반 연령연계 프로그램 '제1회 꿈토란 올림픽']

세계인의 축제 올림픽에 대해 알아보고 실제 올림픽과 비슷한 올림픽 놀이를 통해 세계 여러 나라와 각종 스포츠 종목을 경험함으로써 성취감을 느끼고 협동심을 기름.

1단계 - 만 3세 사전활동
- 세계 여러 나라에 관심 가지기
- 올림픽의 유래 알아보기
- 내가 좋아하는 올림픽 종목 소개하기

1단계 - 만 4~5세 사전활동
- 우리나라와 위인들 놀이하기
- 세계 여러 나라에 관심 가지기
- 올림픽의 유래 알아보기

2단계
- 제비뽑기로 참가국 정하고 팀 나누기
- 손도장 오륜기 만들기, 각 나라 상징 그림으로 국기 꾸미기
- 국기 깃발과 마라카스 응원도구 만들기

3단계
- 올림픽 경기 종목 선정하기
- 올림픽 개막식 진행하기
- 각자 맡은 올림픽 경기 종목에 참가하기

4단계
- 최종 메달 개수로 우승 국가 선정하기
- 시상식 및 올림픽 폐막식 진행하기

1단계

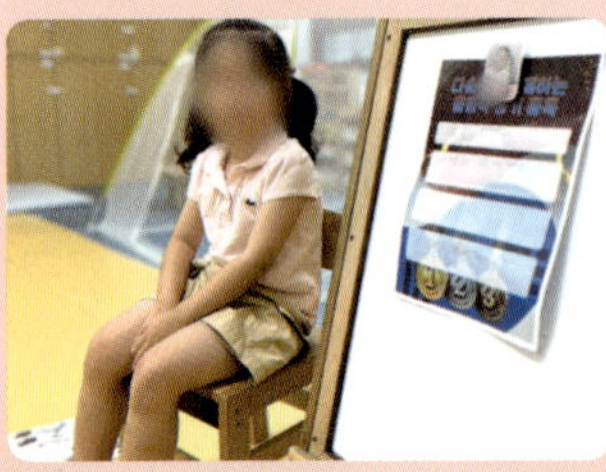

2단계

3단계

4단계

[만 4, 5세 ESG 프로그램 - Let's Reduce Up To zero]

- 우리가 살아가는 지구의 넘쳐나는 쓰레기 문제에 대해 인식해 보며 도덕적 감성을 기름.
- '편리함-환경'이 주는 도덕적 딜레마를 해결하기 위해 끊임없이 사고하고 행동함.
- 업사이클링, 제로 웨이스트, 환경기념일 등을 통해 우리가 사는 공동체에 선한 영향력을 끼치며 환경문제 해결에 보탬이 될 수 있다는 희망을 가짐.

인지하기	편리함과 환경오염	업사이클링	함께하기
환경오염 문제 인식	환경문제 실천 방법	재활용과 업사이클링	선한 영향력
• 우리반 쓰레기 측정 • 미세먼지 점검표 • 난지도 견학	• 다회용품 사용 • 대중교통 이용 • 분리수거	• 업사이클링 장난감 • 재활용 병뚜껑 키링	• 캠페인, 챌린지 • 2025 환경기념일 제작 달력 판매 및 수익금 기부

환경문제 인지하기 : 우리반 쓰레기 측정, 난지도 견학

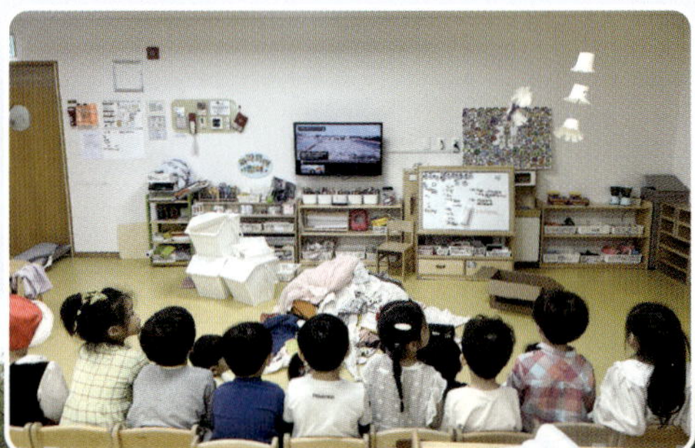

편리함과 환경오염

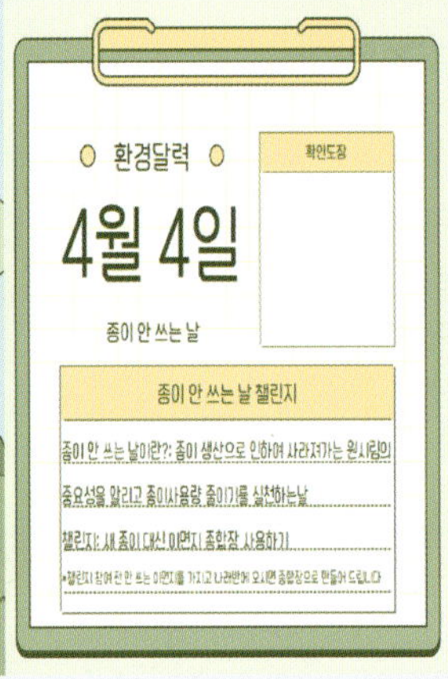

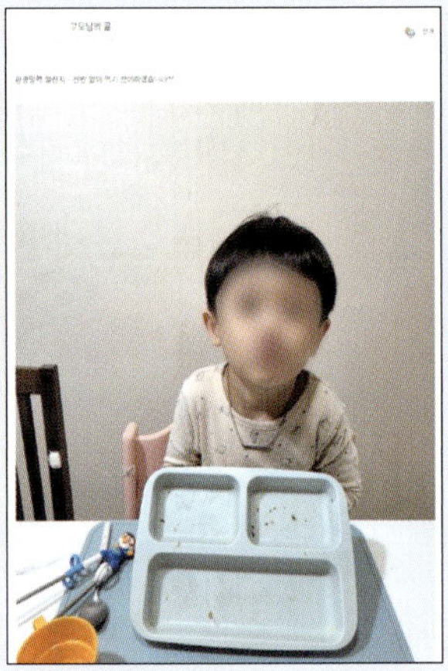

한 달에 한 번 환경기념일을 기념하여 전 연령의 영유아들이 모두 참여한 환경달력 챌린지

부모참여수업 '헌 옷 패션쇼' 푸른별 놀이터 / 2025년 환경달력 제작 및 판매

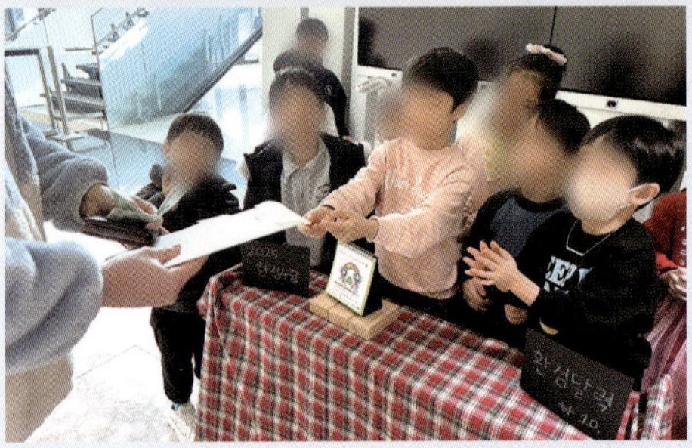

⑤ 예랑어린이집

연 령	특색 프로그램
0세반	재활용품 놀이
1세반	그림책 속 신체놀이 찾기
2세반	텃밭놀이

예랑어린이집은 27명 정원의 아파트 단지 내 영아전담 어린이집으로 재활용 놀이, 텃밭 놀이 등 생태 친화 놀이로 영아가 자발적으로 놀이에 몰입하면서 즐거움과 놀이의 참의미를 발견하도록 지원하고 있음. 그중에서 2세반 텃밭놀이 프로그램을 소개함.

[텃밭에서 놀자 - 감자 이웃]

프로그램 필요성 및 목적

- 예랑어린이집은 공동주택에 자리하고 있어 생활 밀착형 자연놀이 텃밭활동을 계획함.
- 텃밭활동은 텃밭 관련 그림책 활동, 텃밭에 작물 심기, 텃밭에 서식하는 생물 관찰하기, 작물 수확하기, 수확 작물을 이용한 오감활동(음식 만들기) 등 작물활동과 수확물을 이용한 지역사회 나눔 활동으로 확장 진행함.

[프로그램 활동내용 및 실행방법]

- 계획 - 연령별 맞춤 텃밭 작물 선정
- 텃밭놀이 진행

  그림책 읽기 - 텃밭에 심고 가꾸기 - 수확물 이용 다양한 놀이를 경험하기 - 먹거리를 만들어 먹으며 채소와 친해지기 - 수확물을 이용한 음식을 이웃과 나누기

① **그림책 활동을 통해 영아가 텃밭활동에 자연스럽게 접근할 수 있도록 함.**

감자 그림책

『감자는 약속을 지켰을까?』 그림책 외 『감자 이웃』, 『감자 친구』 등 감자와 관련된 그림책을 제시하여 그림책을 읽어보며 영아들이 감자에 관해 관심을 가져볼 수 있었음.

어린이집에서 감자에 싹이 나서 씨감자가 되는 과정을 관찰하고 가정과 연계하여 우리 가족 텃밭 꾸미기 활동을 진행함.

씨감자 만들기

가정연계
자루 텃밭 만들기

② **부모님과 함께 꾸민 자루에 씨감자를 심고 실외놀이 시 자신의 자루 텃밭 감자에서 싹이 나는 모습을 자연스럽게 탐색하고 직접 물도 주며 놀이 속에서 자연을 경험해 봄.**

자루 텃밭에 씨감자를 심고 키워요~ 감자야 잘 자라라

③ **직접 수확한 감자를 오감으로 탐색하고 놀이하도록 충분히 지원하여 영아들의 놀이가 깊어지고 다양하게 확장됨.**

감자 오감 활동

④ **지역사회 연계활동으로 나눔의 가치와 환경 감수성이 성장할 수 있도록 함.**

감자 이웃 나눔 실천하기

삶은 감자를 으깨고 계란, 채소를 함께 섞어서 감자 샐러드를 만들고 감자 샌드위치를 만들어 노인정 어르신, 관리사무소, 경비실 이웃에게 나눠드리며 이웃에게 나눔을 실천하고 나눔의 기쁨을 느껴봄.

⑤ 텃밭 수확물 나눔

감자 샌드위치 나눔 기부활동

텃밭 수확물과 수확물로 만든 음식을 가정과 이웃에 제공하여 기부할 수 있도록 안내하여 기부활동에 참여할 수 있도록 하고 기부금은 동 행정복지센터를 통해 지역사회에 기부함.

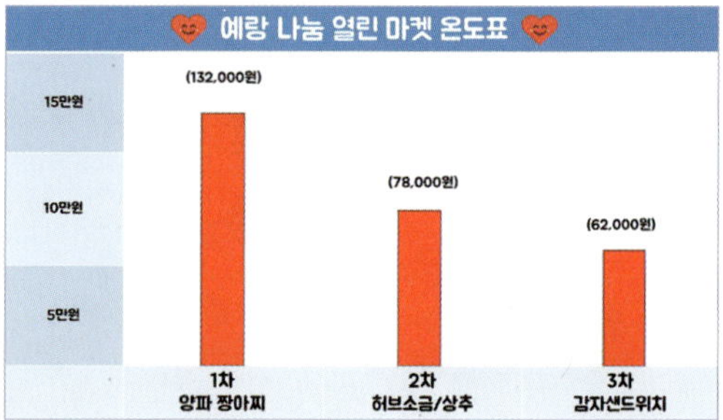

6 크니크니어린이집

연 령	특색 프로그램
0세반	발도르프 유아교육을 실천하는 어린이집
1세반	
2세반(장애통합)	
3~5세반(장애통합)	

- 발도르프교육은 루돌프 슈타이너(Rudolf Steiner)의 인지학적 인간 이해에 기초를 둠.
- 인지학을 창시한 슈타이너는 "교육이란 인간 본성에 대한 올바른 인식에서 출발해야 한다"고 주장함. 인간 본성에 대한 올바른 인식이란 인지학에 기초한 인간 이해를 말함.
- 발도르프 교육에 대한 이해를 위해서는 슈타이너의 인지학적 인간관을 이해하는 일이 우선되어야 함.
- 발도르프 어린이집은 무엇을 애써 가르치려 하지 않고 스스로 예술적인 활동을 하도록 고안된 교육활동에 참여하면서 따뜻하고 평온하며 행복한 교육을 이룸.
- 인지 중심으로 치우친 양육을 하지 않으며 어린이의 발달이 촉진되고 고유한 체험이 성숙해지고 인지능력이 세분화되도록 교육함.

[유아 발달과 놀이에 대한 관점 및 이해]

신체영역	발달 연령	놀이의 주요 감각	놀이도구 및 방법	12감각론 (하위감각)
머리 (사고하기)	0~3세	단순반복	신체 및 간단히 움직일 수 있는 사물	촉감각
				생존감각
가슴 (감정)	3~5세	상상놀이	다양한 자연도구 및 인형놀이	고유운동감각
사지 (의지하기)	5~7세	계획된 놀이	놀 수 있는 모든 대상 (모든 사물 및 자연)	균형감각

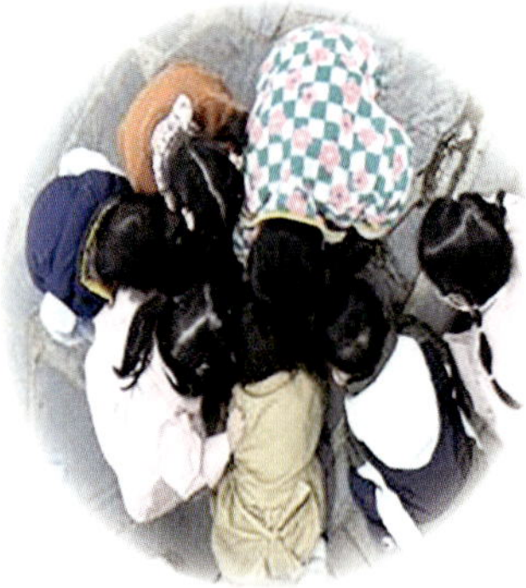

▶ 발도르프 유아교육을 실천하는 하루 일과

마음열기 및 원장님 말씀

반 모임

라이겐 및 손동작

하원 인사

라주어 페인팅

벽이 숨을 쉬는 것처럼 부드러운 질감을 표현하여
공간을 활기차게 해주고 긴장을 완화

계절탁자

계절의 변화에 따른
자연의 변화를 표현

낮잠인형

영·유아가 낮잠을 잘 때
활용하고 눈, 코, 입이 없어
상상력을 자극

비구조화된 놀잇감

2~3가지 놀이 구현이 가능한 놀잇감 제공

▶ 발도르프 관련 진행 프로그램

발도르프 습식수채화(3세) 연간계획안

월	주제	활동명	월	주제	활동명
4월	습식 수채화	습식수채화 도구를 만나요	9월	수공예	펠트를 만나요
		노랑을 만나요 1			펠트를 잘라요
		노랑을 만나요 2			펠트를 끼워요
		다른 노랑을 만나요			애벌레 놀잇감을 완성해요
5월		빨강을 만나요 1	10월		나뭇잎 가랜드 만들어요 1
		빨강을 만나요 2			나뭇잎 가랜드 만들어요 2
		다른 빨강을 만나요			액자를 만들어요 1
		다른 빨강하고 놀아요			액자를 만들어요 2
6월		파랑을 만나요 1	11월		털실을 감아요 1
		파랑을 만나요 2			털실을 감아요 2
		다른 파랑을 만나요			털실을 잘라요
		다른 파랑과 놀아요			털실공을 만들어요
7월		노랑과 빨강이 놀아요 1	12월		크리스마스 장식만들기 1
		노랑과 빨강이 놀아요 2			크리스마스 장식만들기 2
		노랑과 파랑이 놀아요 1			크리스마스 장식만들기 3
		노랑과 파랑이 놀아요 2			크리스마스 장식만들기 4
8월		빨강과 파랑이 놀아요 1	2026년 1월		나무를 만나요
		빨강과 파랑이 놀아요 2			나무에 털실을 감아요
		노랑, 빨강, 파랑이 놀아요			털실 감는 방향을 알아요
		빨강, 노랑, 파랑이 놀아요			여러 색 털실을 감아요

발도르프 습식수채화(4~5세) 연간계획안

월	주제	활동명	월	주제	활동명
4월	습식 수채화	습식수채화 도구를 만나요	9월	수공예	분홍실 직조해요
		노랑을 느껴요			주홍실 직조해요
		노랑을 표현해요(빨강)			하늘실 직조해요
		빨강을 느껴요			보라실 직조해요
5월		빨강을 표현해요(진, 연하게)	10월		직조를 완성해요
		빨강, 노랑이 놀아요			직조틀에서 빼내요
		파랑을 느껴요			직조로 가방을 만들어요(6세)
		파랑을 다양하게 표현해요			직조로 필통을 만들어요(7세)
6월		파랑, 노랑이 놀아요	11월		수틀과 재료를 만나요
		노랑, 빨강, 파랑이 놀아요			수놓을 도안을 그려요
		좋아하는 색을 표현해요			도안을 옮겨 그려요
		내 모습을 색으로 표현해요			수를 놓는 방법을 알아요
7월		직조 재료를 만나요	12월		도구 사용 방법을 익혀요
		날실, 씨실을 걸어요			수 놓는 자세를 가져요
		직조를 해요			수를 놓을 때 조심해요
		노랑실 직조해요			수의 변화를 느껴요
8월		파랑실 직조해요	2026년 1월		실과 바늘의 연결
		빨강실 직조해요			색을 골라 사용해요
		연두실 직조해요			수를 놓으며 집중해요
		초록실 직조해요			수를 완성해요

발도르프 오이리트미(3~5세) 연간계획안

월	주제	3~5세	월	주제	3~5세
4월	씨앗을 깨워요	•리듬활동 •손발깨우기 •동화 오이리트미	9월	작은 난쟁이 창가에 앉아 똑똑똑 가을비 소릴 들어요	•리듬활동 •손발깨우기 •동화 오이리트미
5월	바구니 가득 꽃을 담아요	•리듬활동 •손발깨우기 •동화 오이리트미	10월	덱데굴 굴러 나왔다. 무엇이 굴러 나왔나?	•리듬활동 •손발깨우기 •동화 오이리트미
6월	봄비가 내리네/ 나뭇잎을 씻어주네	•리듬활동 •손발깨우기 •동화 오이리트미	11월	들어봐요. 나뭇잎이 노래를 해요.	•리듬활동 •손발깨우기 •동화 오이리트미
7월	우리는 사이좋은 뿌리깨비!	•리듬활동 •손발깨우기 •동화 오이리트미	12월	동방박사 세 사람	•리듬활동 •손발깨우기 •동화 오이리트미
8월	여름방학		2026년 1월	겨울방학	

숲 활동(3~5세) 연간계획안

월	주제	활동	월	주제	활동
3월	봄이 왔어요	식물의 겨울나기	9월	거미	거미관찰
		로제트			거미줄 놀이
4월	꽃	꽃의 구조	10월	열매	열매의 전략 (바람, 맛, 가시)
		꽃의 전략			
5월	애벌레	줄 타는 애벌레	11월	단풍	바늘잎과 넓은 잎
		새와 애벌레			단풍이 드는 이유
6월	곤충	곤충의 구조	12월	낙엽	낙엽 공차기
		자연물 곤충 만들기			낙엽 모으기
7, 8월	흙	개미집 만들기	2026년 1, 2월	겨울나기	겨울 눈
	나무	물관과 체관 (피톤치드)			겨울 숲

* 위 계획안은 어린이집의 일정 및 유아의 관심과 흥미에 따라 변동될 수 있습니다.

⑦ 홍익어린이집

어린이집 현황

구 분	0세	1세	2세
학급	2	2	2
정원	6명	10명	14명

연 령	비 율	특색 프로그램
0세반	6	오감놀이 프로그램 자연에서 놀아보자 생태유아놀이 프로그램 몬테소리교구 프로그램
1세반	10	
2세반	14	

어린이집 전경

어린이집 현관

어린이집 현관

화장실

조리실

공동 놀이실

0세 보육실

2세 보육실

1세 보육실

텃밭

실외놀이터

교사실

- 홍익어린이집은 생태유아교육과 몬테소리 교육 운영 철학을 바탕으로 운영되고 있음.
- 자녀의 미래를 부모님과 함께 책임지는 동행자
- 자녀가 존중받고 행복이 우선인 어린이집
- 더불어 교사도 행복한 어린이집
- 와우산 자락에서 아이들이 잃어버린 자연, 놀이, 아이다움을 찾아주고 바른 먹을거리를 먹음으로써 몸, 마음, 영혼이 건강한 아이로 자랄 수 있도록 생태유아교육을 실천하고 있음.
- 생태유아교육을 통하여 우리 아이들이 하늘만큼 땅만큼 신명 나게 자라며 사람과 자연이 하나되고, 사람과 사람이 더불어 살며, 아이들이 행복하게 사는 세상을 꾸리고자 함.

자연과 함께하는 감성이 풍요로운 어린이

⑧ SKY어린이집

SKY어린이집은 KT skylife, YTN, CJENM의 3개의 사업체가 공동으로 운영하는 직장보육시설임.

어린이집 보육과정 안내

[SKY어린이집 중점 활동 문해력 소개]

- 우리 어린이집에서는 문해력을 읽기, 쓰기의 능력만이 아니라 읽기, 쓰기, 듣기, 말하기, 자신의 생각을 표현하기, 타인과 생각을 공유하기 등의 폭넓은 개념으로 정의함.
- 더불어 연령별 문해력 프로그램을 연간 미리 작성하는 것이 아니라 어린이들의 발현적 놀이를 기초하여 교사가 관찰 및 지원하여 놀이를 깊게 경험할 수 있도록 함.
- 가정연계활동은 2가지 방법으로 지원하며 부모를 제3의 교사로 초대하는 과정으로 지원함.

1세	2세	3세	4세
즐기기	몰입하기	표상하기	펼치기
끼적이기	의도된 끼적이기	그림·글자 표상하기	문해놀이

가정연계	놀이 이야기	부모참여 (책 읽어주기, 그림책 선생님, 동극 선생님, 부모참여수업)	책 읽어주기 캠페인

실제 프로그램

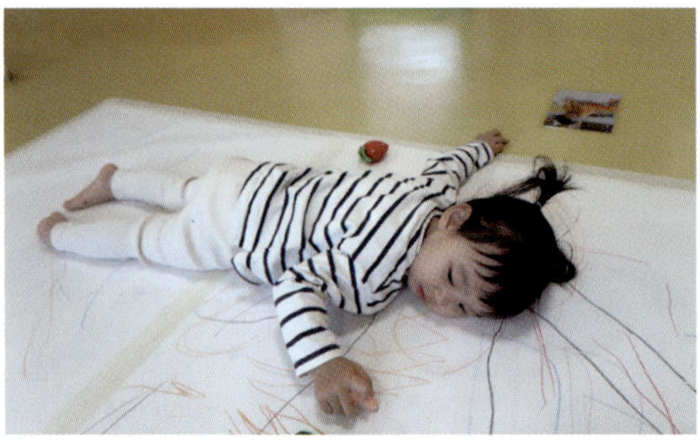

엎드려 끼적이기

라이트 테이블에 끼적이기

부분의 세밀화 끼적이기

자연물로 글씨쓰기

2 현장에서의 실천 지원 자료소개(영상자료)

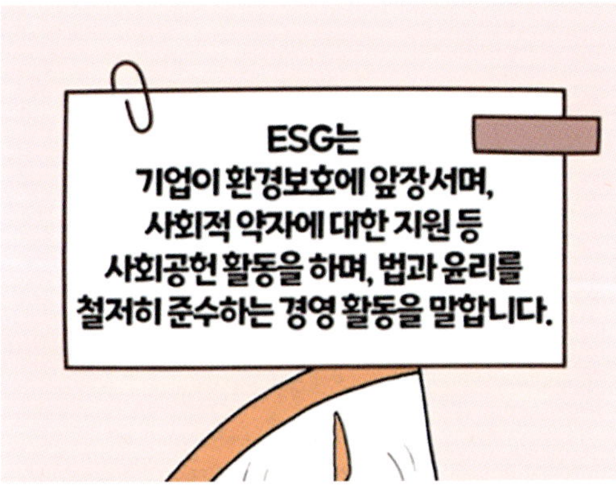

[어린이 경제교실] 쌤! ESG가 뭐예요?

만화로 보는 맨큐의 경제학
https://youtu.be/lm3Nig4w3Bg?si=2r-g9O-pqnhzzPMu

부천시 육아종합지원센터, ESG 보육경영 실천

헬로tv뉴스(2023. 12. 8.)
https://youtu.be/9JfLgpoCIHg?si=t50ArpCOSWeR12SA

[탄소중립 환경동화] 엄마, 탄소중립이 뭐예요?(1편)

https://youtu.be/KpC8LDpOb0Y?si=OoP_1Spx1q8nDk3m

수도권 유아환경교육관에서 알아보는 환경이야기(with 헤이지니)

- 친환경 행동 실천 방법을 배워요
- 환경 실천을 약속해요

https://youtu.be/ydIZwfVjWyI?si=aqkj10r-NtLLIJ4T

저/자/약/력

김진욱 명지대학교 아동학과 교수
jwkddorang2@mju.ac.kr
마포구육아종합지원센터운영위원

이미애 마포구육아종합지원센터
71namiae@hanmail.net
도움 - 노연경, 명나원

김경희 SKY어린이집
cocomong1@hansolhope.or.kr

이민지 동심어린이집
amylee415@naver.com
도움 - 이예지

정미영 예랑어린이집
mimi4161@naver.com

홍인혜 도화어린이집
mdohwakids@naver.com
도움 - 김선형 hayouns2322@naver.com

김하늘 삼성SDS 꿈토란어린이집
dntsms3273@naver.com
도움 - 최원, 임혜신

박은정 홍익어린이집
1724kant@naver.com
도움 - 진정희 jjh00618@daum.net

정예슬 서울서부지방법원어린이집
ihanbit20@hanmail.net
도움 - 김영미, 조성아

조혜인 구립크니크니어린이집
chohi0220@gmail.com
도움 - 안은아, 임석순

• 본문의 내용에 대한 문의사항은 저자들에게 직접 질문해 주세요.

영유아 ESG 공모전 **따라하기**

| **공저자** | 김진욱 · 이미애 · 김경희 · 이민지 · 정미영
홍인혜 · 김하늘 · 박은정 · 정예슬 · 조혜인

| **1판 1쇄** | 발행 2025년 8월 30일

| **발행인** | 김동훈
| **발행처** | **공동체**

| **주소** | 경기도 고양시 일산동구 호수로 358-39, 동문타워 1차 905호(백석동)
| **전화** | 031)814-3000(대표)
| **팩스** | 031)814-3100
| **홈페이지** | www.compub.co.kr
| **전자우편** | compub@naver.com
| **출판등록** | 2005년 10월 6일
| **등록번호** | 제396-2005-36호

| **ISBN** | 979-11-6725-903-5
정가 18,000원